JN039721

# 台風防災の新常識

## 災害激甚化時代を生き抜く防災虎の巻

山村武彦

「平成 29 年 7 月九州北部豪雨」は福岡・大分の両県に甚大な被害を与えた。写真は、桂川（筑後川支流）の増水により流出・損壊した朝倉市立比良松中学校の校舎と体育館

# 近年激甚化する台風・暴風雨・竜巻災害の爪痕

写真：筆者

気象庁の事前予測をはるかに超える甚大な被害を与えた「令和2年7月豪雨」。球磨村では中心部の住宅地にも濁流と共に多数の流木が襲った

2020（令和2）、九州北部や東海地方北部などに甚大な被害をもたらした「令和2年7月豪雨」。過去に例のない豪雨が、多くの人の生命や財産に深刻なダメージを与えた。

被災直後の熊本県球磨村を訪れた筆者。7月9～11日まで人吉市と球磨村を中心に現地調査。こまめな消毒、検温、ソーシャルディスタンスを心がけながらの3日間であった

豪雨災害によってあらゆるものが倒壊・流出。写真の住宅の周囲では、2階まで漂流物で埋め尽くされていた

# 令和2年7月豪雨

死者・行方不明者 86 人という大惨事となった「令和2年7月豪雨」。洪水は 1.5t を超えるワゴンタイプの自動車もたやすく押し流してしまう

千葉県に特に大きな被害を与えた「令和元年房総半島台風（台風15号）」。同県鋸南町では、コンビニエンスストアの屋根が吹き飛ばされ、店内には建材、什器、商品が散乱していた

**2019（令和元）年は巨大台風が相次いで日本列島を襲った。
9月の台風15号、10月の台風19号は特に規模が大きく、
全国各地にかつてないスケールの被害を発生させている。**

「令和元年房総半島台風（台風15号）」では、突風により屋根瓦の剥離が多発。南房総市役所前には、破損した瓦の仮置き場が設置され、市内から多くの破損瓦が運び込まれた

東日本に深刻な被害を与えた「令和元年東日本台風（台風19号）」。写真の宮城県丸森町立耕野小学校では、校庭の一部が崩壊するなど、大きな被害を受けた

# 令和元年台風15号・19号

「令和元年東日本台風（台風19号）」は長野県にも甚大な被害を与えた。長野市役所の長沼支所は、千曲川堤防決壊箇所から約100〜120メートルに位置し洪水が直撃した

「平成 30 年 7 月豪雨」は、西日本の広範囲に重大な被害を与えている。写真の広島市安佐北区の新興住宅地でも住宅に土砂や流木が流れ込むケースが多発した

# 平成30年7月豪雨

「西日本豪雨」の別称もある「平成 30 年 7 月豪雨」。死者・行方不明者数が 271 名を数えた未曽有の大災害となった。写真は広島県坂町の被災地の様子

大量の流木に埋もれる自動車。「平成29年九州北部豪雨」では、流木が橋に積み重なり中小河川の流路を妨げ、各地で大規模な洪水を引き起こした

# 平成29年九州北部豪雨

「平成29年九州北部豪雨」では、筑後川水系の地域に特に甚大な被害を与えた。写真の朝倉市杷木地区では、住宅街に濁流や土砂が流れ込んでいる

2012 年に発生した「つくば竜巻」。比較的新しい住宅も竜巻が直撃すればひとたまりもない。写真の住宅は屋根や 2 階の窓が吹き飛ばされていた

# つくば竜巻災害の爪痕

「つくば竜巻」で被害を受けた、つくば市の雇用促進住宅北条宿舎1号棟。バルコニーの金属製の柵も風圧で折れ曲がり、竜巻の破壊力をまざまざと見せつけた

# 台風防災の新常識

## 災害激甚化時代を生き抜く防災虎の巻

防災システム研究所 所長
山村武彦

戎光祥出版

# 台風防災の新常識　目次

# はじめに　悲観的に準備すれば楽観的に行動できる

人の心は不可思議である。「いかに生きるか」と眠れぬ夜があるかと思えば、「たかが人生、されど人生、なんとかなるさ」と開き直る鈍感力と図太さもある。社会の目まぐるしい変化と人間関係に翻弄されながらも、自然を愛《いと》おしみ季節の恵みに感謝を忘れない。一方で自分の居場所が、時を選ばず災害という試練を強要する油断禁物の地球であることも知っている。人の心ほど賢く、繊細で、鷹揚なものはない。

だが、地震や台風に慌てふためき、日頃を反省し備えを誓う。が、しばらくすると忘れてしまう。その都度、インフラの混乱におののき、スーパーの棚が空っぽになるのが分かっていながら、１週間分の生活必需品を備蓄する人は少ない。地球温暖化で災害が激化することも、その災いが子々孫々まで及ぶことも理解しているつもりだ。それでも、二酸化炭素の排出量削減に真剣に取り組まず、私を含め「見ぬもの清し」を決め込んできた。もし、これを宇宙人が見おろしていたら、人間とは、なんと不条理で、なんと学ばぬ生物かと思うに違いない。

太陽を回る惑星の中で、水と空気があり、緑が生い茂っているのは地球だけだ。地球は人類を含め約１７５万種の動植物を育《はぐく》む「生命の星」である。それを可能にしてきたのは太陽との距離（１億４９６０万平方キロ）にある。近過ぎれば灼熱帯になっていただろうし、遠ければ氷雪の世界だった。地球は太陽や他の惑星ともほどよい距離感を保ち、絶妙な立ち位置をキープしている。

さらに重要な役割を果たしてきたのが「大気圏」。地球をリンゴに例えると、外側の薄い皮の部分（気体）が大気圏である。厚さ約１００キロの大気圏がなかったら、地球の平均気温はマイナス18度になってしまう。大気の薄い他の惑星の平均気温は、火星でマイナス65度、木星はマイナス１１０度、土星はマイナス１４０度である。地球は大気圏のお蔭で平均15度の快適な気温が維持されている。大気圏には４つの層がある。上から「熱圏」、「中間圏」、「成層圏」、そして一番下の地上か

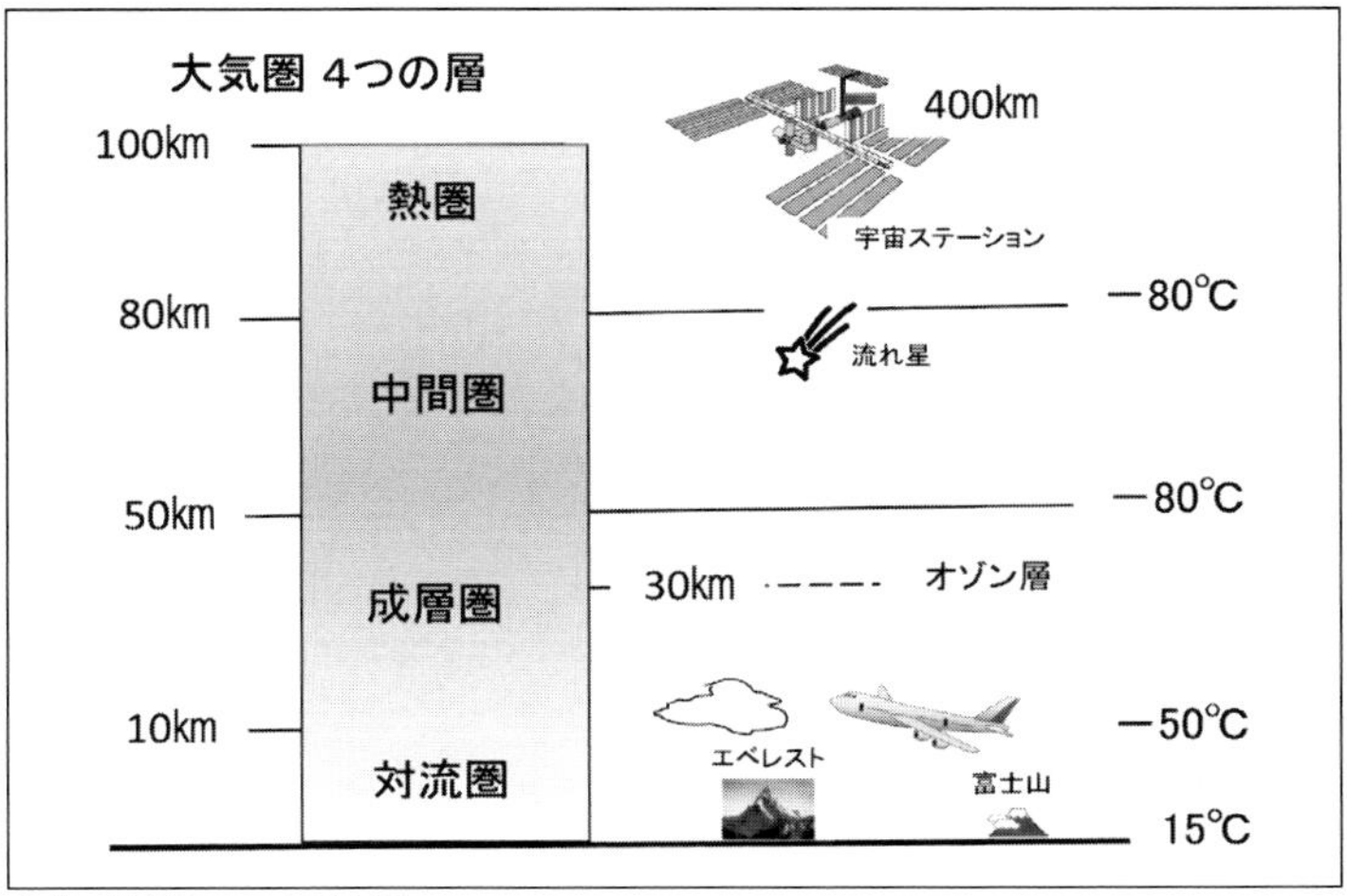

出典：防災システム研究所

ら高さ10〜16キロまでの大気の層が「対流圏」。その対流圏で気象現象が刻々と変化し天候が左右される。その天地の間で、矛盾、不安、挫折、困難、哀しみを乗り越え、人を愛し、人に酔い、人を支え、自分と家族のために、人は懸命に生きている。

地球の気温は、太陽の光熱と大気圏外への放出熱と一定の温室効果ガスとで調和が保たれてきた。ところが最近、人為的な温室効果ガスの排出量が急増。その結果、布団でくるまれたようになり、熱がこもり気温が上昇している。因果関係は詳《つまび》らかではないが、このところ、過去にないウイルス、過去にない巨大地震、過去にない大津波、過去にない台風に襲われるようになった。これは、傷ついた地球からのＳＯＳであり警告かもしれない。

我々は今、先人が踏み込んだことのない未知の領域に迷い込んでしまった。もうこれまでの楽観論や常識では通用しない。それでも、悲観的に準備すれば楽観的に行動できる。「真実と教訓は現場にあり」を標榜し、私は半世紀にわたり内外の災害現場を回ってきた。そこで得た生死の教訓を紹介しつつ、台風防災の新常識を提案する。本書が災害に強い町づくりと、命を守る準備と行動の一助となれば幸いである。

２０２０（令和２）年９月

山村武彦

# 序章

# 複合災害が
# ニューノーマル（新常態）

**新型コロナウイルス感染症（以下コロナ）の収束が見えない中、恐れていたことが起きた。「令和2年7月豪雨」である。**　4日未明から早朝にかけて熊本県南部を線状降水帯が執拗に襲い、球磨《くま》村は24時間雨量455・5ミリという記録的大雨となった。その結果、球磨川等が各所で氾濫し、8月24日現在の犠牲者は86人に上る。5日後に現地に入ったが、**地上7メートルの電線に引っかかったガスボンベが浸水の深さと恐ろしさを物語っていた（①図）**。場所によっては2階の天井まで水没する過去に類を見ない浸水深さである。また、おびただしい数の車が流され泥にまみれ逆立ちになるなど、氾濫流の流速の速さを示していた。

球磨村の特別養護老人ホーム「千寿園」では、1階で寝ていた14人の入所者が犠牲になった（②図）。この施設では法令通り「避難確保計画」をつくり、防災訓練も行っていた。当直5人と駆けつけた住民らによって車椅子ごと2階に避難させようとしているうちに濁流が流れ込んだという。**要配慮者利用施設をハザードマップの浸水想定区域に設置しておいていいのか、自力避難できない人々を1階に寝かせていていいのか。夜間の少数スタッフで「逃げる計画だけでいいのか」。日本は今、防災と命へのスタンスが問われている。**

そして、コロナ下の災害である。日本三大急流に数えられ暴れ川の異名をとる球磨川沿いにあり、これまでも繰り返し水害に襲われてきた人吉市。早くから「球磨川水害タイムライン（事前防災行動計画）を策定するなど水防の先進自治体としても知られていた。

タイムラインは平時から氾濫発生までを０～６の７段階に分け、避難勧告、避難指示の発令、避難所の開設、救助活動、消防・水防など、行政各部署や防災関係機関が取るべき行動を時系列で定めていた。

人吉市は大雨警報を受け、３日の午後９時39分に全職員を招集。球磨川が氾濫危険水位に達した４日午前４時に避難勧告を、特別警報後の午前５時15分に避難指示を発令。タイムラインでは堤防が耐えられる水位（４・07メートル）に達する前に、危険区域住民の避難が完了している想定だった。しかし報道によると、５時50分になっても指定避難所に避難した住民は１５９人だけだったという。

すでに道路冠水などで避難できなかったのかもしれない。２階の天井まで浸水し、屋根

**①図　令和2年7月豪雨／電線にガスボンベ**

熊本県球磨村渡付近／撮影：筆者

からヘリで救助された人吉市の男性（69）は、**「避難指示は知っていたが、コロナもあって避難所に行く気にならなかった」**と答えている。コロナと大規模災害という複合災害の怖さである。

（株）サーベイリサーチセンターが5月29日～6月2日に実施した全国インターネット調査（4700件）によると、災害時に「指定避難所に避難する」と答えた人は42・9％でしかない。避難所に避難しない理由（複数回答）は「人が集まるとコロナが広がる心配があるから」が40・1％、「避難所では、安全な空間の確保などの感染症対策が十分にできないから」が34・5％、「避難所での生活は不便だから」が32・7％、「共有部分の衛生管理が心配だから」が29・8％であった。思った以上に**多くの人がコロナを意識して避難所への避難をためらっている**ことがわかる。

現在、市区町村ではコロナ時の複合災害に備え、避難所の増設や3密（密接、密閉、密集）対策を進めている。体温計、消毒薬の備蓄をはじめ、避難者1人当たりの専有面積を1・5平方メートル程度から4平方メートルにして、間仕切りや段ボールベッドの準備に追われている。その分、避難所の収容人数が減るため、教室を開放したり、ホテルなどと協定を結んだりしている。それでも住民は感染の懸念を払しょくできていない。

なぜなら、断水でこまめな手洗いはできず、停電で換気システムも止まる。感染症×大規模災害は、災害の足し算ではない。困難な状況が掛け算で絡み合う複合災害となる。仮にコロナが収束したとしても、手指消毒、マスク着用、三密回避など、これからの**防災は複合災害を前提とした避難所運営がニューノーマル（新常態）となる。**

災害発生時、危険区域は迷わず避難だが、安全が確保できたら自宅での在宅避難が原則だ。また、浸水想定ハザードマップで床下浸水未満であれば、２階の安全な部屋への垂直避難もある。避難する場合も、指定避難所だけでなく、親戚・知人宅も選択すべき。さらに経路の安全が確保でき、明るいうちに早い段階で避難できるのであれば、車中避難という分散避難もある。自宅の泥出しをしていた人たちに聞くと、今は「実家」や「息子の家」などに身を寄せていると答えた人が多かった。

**コロナ禍は長期戦を覚悟すべきである。**「ス

**②図　14人が犠牲になった特別養護老人ホーム**

熊本県球磨村「千寿園」／撮影：筆者

ペインかぜ（1918年）」の時も、春から夏のピークが過ぎ、これで収束と安堵したのもつかの間、秋から始まった第2波の致死率は第1波の約5倍となった。その後、さらに第3波が襲来するなど、収束までに約3年を要した。仮にコロナが収束したとしても感染症パンデミックは平均20年に1度の割合で発生している。そして、日本では台風が年間平均11個接近し、平均3個上陸している。そして、100人以上の犠牲者を出す大地震は平均6年に1度の割合で発生している。**コロナ禍が長引けば大規模災害との複合災害発生の確率が高くなる。**

かと言って、避難所での感染を懸念し、危険区域の人が避難せずに犠牲になったら本末転倒である。危険区域の人は早期避難に勝る対策なしを念頭に行動すべき。避難する場合も一定のマナーが必要だし、避難所規定にも従わなければならない。受け入れ側も、被災者ケアと共に厳重な感染防止体制が求められる**（防災ひと口メモ⓪①⓪②）**。

本書は台風防災を主眼にしているが、他の災害に読み替えて応用できるように配慮した。様々な複合災害に利活用してほしいものである。

防災ひと口メモ 01

# 感染症蔓延時に災害が発生した場合の避難者心得

## 感染症蔓延時に大規模災害が発生した時の避難所選択と避難者の心得

❶自宅の安全が確認出来たら、原則、在宅避難を心がける

❷避難する場合、指定緊急避難所のほかに、親戚や知人宅への避難も考える（事前に了承を得ておく）

❸高齢者、障害者、基礎疾患のある人、妊産婦、病人等は福祉避難所へ避難

❹避難時は、マスク、除菌用品、タオル、歯ブラシ、石鹸、保険証、お薬手帳などを携行

❺受付で検温、手指消毒、靴底消毒の徹底、マスク装着、健康チェック表の記入など、係員の指示に従う

❻入所前に、スマホ・ケータイなどの持ち物の消毒及び清拭

❼元気な避難者は役割分担を申し出て、トイレ、水道蛇口、ドアノブ等の定期清掃・消毒などの役割を分担する

❽咳やくしゃみをするときは、人のいない方を向いてマスク、ハンカチで口を覆う

❾パーテーション等で間仕切りし、ソーシャル・ディスタンス（社会的距離）を保った避難スペースで待機する

❿大声を出したりせず、室内でもマスクを装着し、保温などに心がけ、不要不急の移動・行動を慎しむ

⓫できるだけほかの人と向かい合わせにならないようする

⓬物資受け取りはソーシャル・ディスタンス（社会的距離）を取り、手渡しでなく不接触受領を心がける

⓭朝夕定期検温を行い、体調に変化があれば直ちに自己申告する

⓮心を強く持ち、思いやり、助け合って困難を乗り越える

防災ひと口メモ 02

## 感染症蔓延時に災害が発生した場合の避難所運営

### 感染症が蔓延している時に大規模災害が発生した場合、避難所運営で心がけること

❶通気性の良い外部テントなどで、一定距離（1.8m以上）を保ち、受付を行う

❷受付要員は飛沫感染防止のビニール越しにマスク着用で対応

❸咳や発熱など感染症の症状がある人は自己申告してもらい、感染症救急テント、一時療養所（室）、保健避難所などへ誘導

❹受付の入所申込書に、健康の状態、持病、基礎疾患の有無などを健康チェック表に記入してもらう

❺受付で検温、手指・靴底など消毒の徹底（入所後も朝夕定期検温）、マスク配付

❻スマホ・ケータイ・バッグなどの持ち物の消毒及び清拭、受付記入用筆記用具の消毒をこまめに行う

❼元気な避難者などで衛生班を組織し、トイレ、水道蛇口、ドアノブ等の定期清掃・定期消毒を行う

❽医師、看護師、保健師などを救急テントに配置

❾ソーシャル・ディスタンス（社会的距離）を保った避難者居住スペースを割り当て、パーテーション等で間仕切りを行う

❿できるだけ通路を広く取るとともに、向かい合わせにならないように避難者を配置する

⓫高齢者、障害者、基礎疾患のある人、妊産婦などは福祉避難所へ誘導する

⓬物資の配付は避難者番号で順番を決め、手渡しでなく不接触配布を心がける

⓭朝夕に、ソーシャル・ディスタンス（社会的距離）を保ちつつ、一斉消毒・一斉清掃・一斉換気タイムを設ける。

⓮朝夕に、体調の自己申告してもらい、発症の疑いがあれば直ちに別室へ誘導する

# 第一章

# スーパー台風が日本を襲う日

# 1 記録的大雨が急増

## 1）東京、大阪、横浜、名古屋、福岡が水没する！

驚愕ニュースが世界を駆け巡った。**2020（令和2）年2月6日、南極のアルゼンチン・エスペランサ基地で18・3度の南極大陸最高気温が観測されたのだ。**南極半島ホープ湾に面したエスペランサ基地の年間平均気温はマイナス5・2度だから、18・3度は平均気温より23・5度高いことになる。北極と違って南極は大陸である。オーストラリア大陸の約2倍の面積を持ち、地球に存在する氷の約9割が南極にある。南極の気温上昇はイコール地球全体の海面上昇を意味する。このまま南極の氷が解けていけば、いずれニューヨーク、ロンドン、上海、香港、東京、大阪、横浜、名古屋、福岡など世界の主要都市が水没するおそれがあるという。

2019（令和元）年9月、IPCC（気候変動に関する政府間パネル）が「変化する気候下での海洋・雪氷圏に関する特別報告書」を発表。それによると、このまま温暖化が進めば南極だけでなく、地表面にある永久凍土の7割程度が解けるという。その懸念はすでに現実のものとなっている。ヨーロッパ・アルプスの最高峰モンブランのイタリア側にある巨大なプランパンシュー氷河は、全体積の5～6分の1に相当する25万トンの氷塊が崩落する危険が迫っているという。このため道路が閉鎖され、近隣の施設には退去命令が出されている。

**すべての出来事は必然である。**２０１９～２０２０年にかけ、南極から約５３６０キロ離れたオーストラリア南東部で大規模森林火災（ブッシュ・ファイア）が発生。ニュー・サウス・ウェールズ州の火災現場で地球温暖化の深刻さを肌で感じた。私たちが到着する前日、シドニー郊外の気温はなんと49・５℃を記録していた。もう熱波災害である。高気温～異常乾燥～強風を背景にユーカリの森は５か月にわたって燃え続け、日本の陸地面積の約４分の１以上にあたる10万７０００ヘクタールが焼失、５９００棟が類焼、29人が死亡し、コアラを含む多数の野生動物が犠牲になった。

この森林火災からの二酸化炭素排出量は、約９億トンと推定されている。シドニーの知人は「我が国の輸出額第1位品目は石炭。温室効果ガス過剰排出の責任は、石炭を大量輸出し続ける我々にある。このブッシュ・ファイアは必然であり、天罰かもしれない」と、無力感を隠さず忸怩《じくじ》たる思いを吐露していた。

**これは対岸の火事ではない。日本は石炭輸入量の71・8％をオーストラリアから輸入している（２０１８年実績）。そして年間約10億３０００万トンの二酸化炭素を排出（２０１９年）。**このまま化石燃料を燃やし続け温暖化が進行すれば、ツケは我々が払うことになる（③図）。

１９９３（平成５）年以来、海水温の上昇率は毎年２倍になり、地球の気温がこのまま上昇し続ければさらに海水温も上昇していく可能性がある。また、海洋熱波の発生日数は、30年前と比べて54％増加している。海洋熱波とは、特定海域の表面水温が極めて高くなる現象で、この現象と海の生物減少は比例するといわれる（防災ひと口メモ03）。

**このまま何もしなければ、いつか地球は人が住めない星になるかもしれない。こうした現象を起こす二酸化炭素の人為的排出は、１９８９（平成元）年以降の、ここ30年間の排出量が全体の50％以上を占めるという。人類の命と文明を危うくさせているのは過去のどの時代でもない。ほかならぬ、今を生きている我々の仕業《しわざ》である。**大気圏（気温）と海面水温という天地の

**③図　全地球の年平均海面水温**

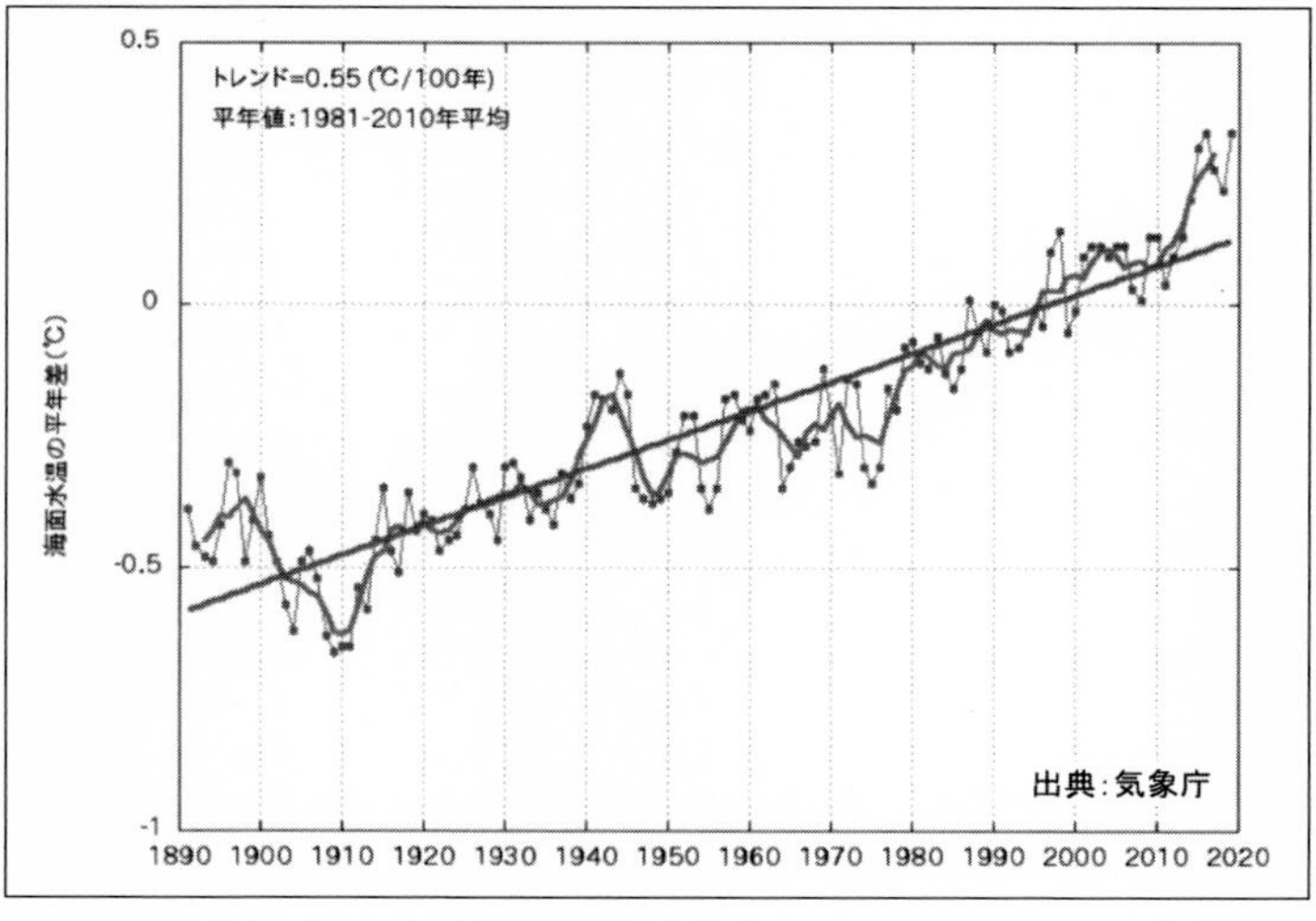

バランスを壊し、災害を激化させているのも我々自身である。**人は自分に都合の悪い情報に耳を貸さず、嫌なことは見ないようにする。それでいいのだろうか。**宇宙から見たら人間は、自分で自分の首を絞め、天に向かって唾を吐いているとしか見えないだろう。

海面水温と気温が高くなればなるほど、大気中への水蒸気放出量は増加する。その結果、IPCCが警告するように台風は激化し、過去にない暴風雨をもたらすことになるかもしれない。

## 2)「滝のような雨」が1・4倍

気象庁のアメダス集計によると、1時間降水量50ミリ以上の降雨回数が最近増加している。直近10年間（2010〜2019年）の平均年間発生回数は327回。統計期間の最初の10年間（1976〜1985年）の226回と比べ、1・4倍に急増している（**④図**）。50ミリ以上ということは、中には80ミリ、100ミリの降雨も含まれる。時間雨量50ミリ以上は、「非常に強い雨」とされ、人が受けるイメージは「滝のようにゴーゴーと降り続く雨」である。80ミリ以上は「息苦しく圧迫感があり、恐怖を感じる猛烈な雨」となる。「令和元年東日本台風」（台風19号）では岩手県普代村で時間雨量が95・0ミリ、神奈川県箱根町でも85ミリなど時間雨量50ミリを超えた地点が19地点もある。そのうち9地点で降雨量が観測史上1位となった。さらに降り始めからの72時間雨量が箱根町で1000ミリを超えている。過去に経験のない雨量が最近は当たり前のように降っている。

**従来、日本における都市の排水システムは、時間雨量50ミリが基準であったが、それを超える大雨が降り、毎年排水機能をマヒさせている。**排水機能を超える雨が市街地に降れば、行き場を失った水があふれ内水《ないすい》氾濫《はんらん》を引き起こす。**数年に一度程度しか発生しない大雨を観測・解析した時に、気象庁から発表されるのが「記録的短時間大雨情報」。その基準は1時間雨量が歴代1位または2位の記録を参考に発表される。**

この情報は、大雨警報発表中にその時点の降雨が土砂災害や浸水害、中小河川の洪水害につながるような、稀にしか観測しない雨量だと知らせる情報である。この情報が発表された地域では、すでに土砂災害や浸水害、中小河川の洪水害が発生していても不思議ではない猛烈な雨

**④図　全国で1時間降水量50mm以上の年間発生回数1.4倍**

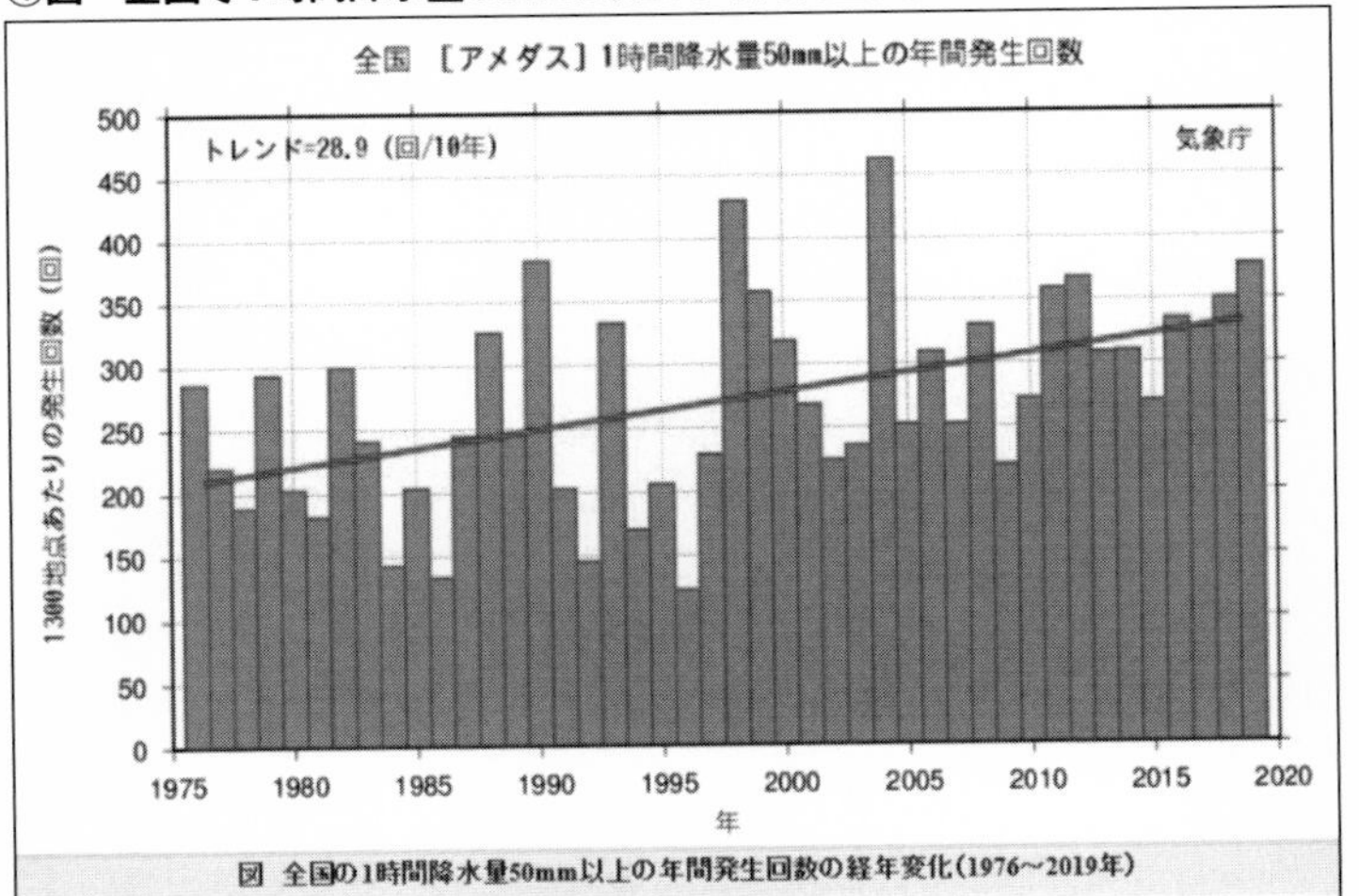


図　全国の1時間降水量50mm以上の年間発生回数の経年変化（1976～2019年）

が降っていることを意味している。最近この記録的短時間大雨情報の発表回数も急増している。例えば2013（平成25）年からの3年間の平均発表回数は年に56回だったが、2017〜2019年までの平均発表回数は109回と約2倍になっている。

**記録的短時間大雨情報が発表される時に警戒すべきは中小河川の氾濫**である。1級・2級河川といわれる大規模河川の流域では洪水ハザードマップが作成されているが、**中小河川については作成されていないし、水位計すら設置されていない所が多い。**2017（平成29）年7月の「九州北部豪雨」では、大規模河川である筑後川は一部を除きほとんど氾濫していない。氾濫したのは筑後川へ流れ込む支川などの中小河川だった。

**大雨は大きな川の上流や流域だけに降るのではない。中小河川の流域にも降るのである。つまり、現在のハザードマップだけで危険区域と安全区域を判断してはいけないのである。**中小河川の流域や低地は、浸水想定区域外であっても浸水の危険があると警戒すべきである。また、**過去に洪水が発生していない地域でも、低地であれば洪水の警戒を怠ってはならない。なぜなら、雨の降り方が以前と大きく変わったからである。**

過去のデータにとらわれてきた市区町村が監視・警戒していない川が氾濫すると、避難勧告が遅れ、多くの住民が逃げ遅れる。地球温暖化の影響もあって、これまでの常識やマニュアルが陳腐になっていることを物語っている。街中の側溝や中小河川については地域の自主防災組織などの住民たちが自分たちで監視し、独自のローカルルールや避難スイッチを決める必要がある。

## 2 スーパー台風、風速105メートルの教訓

まるで津波が襲った街だった。「2013年台風30号」で甚大な被害を出したフィリピンに行った。台風の常襲地域とされるフィリピンでも史上最悪の被害だった。高潮と強風で死者・行方不明は7700人以上、避難者400万人以上、被災者が1200万人に上った。2〜6mの高潮で壊滅的被害を受けたフィリピン中部レイテ島。その港湾都市タクロバンで見た光景は今でも忘れられない。**港に着いた瞬間、めまいのようなデジャヴ（既視感）に襲われた。高潮で破壊された住宅の瓦礫と共に巨大な船が多数陸地に打ち上げられていたのだ**（⑤図）。2年前の東日本大震災の悪夢を再現したような光景だった。

**台風は暖かい海で大きくなる。**台風30号は11月4日トラック諸島近海で発生（台風のフィリピン名＝ヨランダ）。当初の中心気圧は1002ヘクトパスカルだったのでそれほど強い勢力ではなかった。しかし、30度前後の高水温海水域からエネルギーを吸収し、翌日には952へ

クトパスカル、パラオ諸島を経由してフィリピン領域に入った6日21時には９０５ヘクトパスカル。７日21時には８９５ヘクトパスカルと更に発達し、中心付近の最大瞬間風速90メートル／秒という観測史上例を見ない勢力を保ったまま現地時間８日午前４時40分頃、サマール島・東サマール州ギワン市附近に上陸。**上陸時点の最大瞬間風速は１０５メートル／秒（合同台風警報センター）と推定されている。**その後サマール島からレイテ島などヴィサヤ諸島を横断し南シナ海からスールー海へ抜け、ベトナム・トンキン湾を経由して、中国華南地方にまで達した。

　この台風は従来の台風と違い接近後も勢力が弱まることなく、平均９００ヘクトパスカルの勢力を約１日半以上保ったままヴィサヤ諸島を蹂躙《じゅうりん》。そのため住民は平均風速60〜70メートル／秒という竜巻に匹敵するような暴風・高波・高潮に長時間さらされた。**気圧が１ヘクトパスカル下がると**

**⑤図　2013年台風30号／まるで津波のような高潮（最大6m）**

**海面は1センチ上がる「吸い上げ効果」**。それとタクロバンはレイテ湾からさらに湾入《わんにゅう》するサンペドロ湾の奥にあるため、**風向きが湾の最深部に向かって吹く「吹き寄せ効果」**もあり、まるで津波のような2～6メートルの高潮に襲われた。大津波のように海岸線から1キロ以上の内陸まで波が押し寄せ、川を遡り、大船を押し流し、建物を破壊した。

タクロバンは毎年のように台風に襲われている地域だが、これほどの暴風と高潮は初めてである。3日前からテレビやラジオで港湾や海岸地域に「高波・高潮に注意」と呼びかけられたが、住民たちは高波・高潮で被害を受けるのは海沿いのほんの一部地域だけと、油断していて逃げ遅れたという。**「高潮に注意より、津波に注意と言ってくれたら逃げられたのに」**と言う住民もいた。これは日本でも同じことが起きると思う。今のうちに巨大高潮の恐ろしさを住民にわかりやすく伝えて、避難情報の伝達方法を具体的に周知しておく必要がある（**防災ひと口メモ④**）。

# 3　スーパー台風が日本を襲う日

## 1）東京湾の高潮災害

**202X年、アイツがやってくる！**　スーパー台風に襲われたフィリピン・タクロバンと同じように、日本の大都市の多くは河口付近の沖積低地にあり、湾の奥に位置している。港湾都市は、内外の港から船で大量に運ばれる物資を集結・分配し発展してきた。東京は過去にも猛烈台風に襲われている。**1856年9月23日（安政3年8月25日［旧暦］）に東海から関東にかけて大きな被害を及ぼした安政江戸台風によって、江戸は暴風雨と高潮で甚大な被害を受けている。**築地の西本願寺（現・築地本願寺）は、前年に発生した大地震の際は屋根瓦が少し落ちただけだったが、翌年のこの台風では強風によって本堂が倒壊している。

前年の地震というのは、死者４０００～１００００人ともいわれる千葉県北西部を震源とする安政江戸地震（１８５５年11月11日・Ｍ７・４）のことである。この時は江戸城東方の沖積低地・軟弱地盤である深川の埋め立て地や日比谷から神田の埋め立て地で多数の建物被害が生じている。そしてこの地震の翌年、安政３年の江戸台風では関東一帯が暴風雨に見舞われ、被害は前年の地震を大幅に上回ったといわれる。

江戸・神田雉子町《きじちょう》の住人斎藤月岑《さいとうげっしん》の「武江年表《ぶこうねんぴょう》」には、「八月二十五日、暮《くれ》て次第に降《ふり》しきり、南風激しく、戌《いぬ》の下刻《げこく》（20～21時）より殊《こと》に甚《はなはだ》しく、近年稀《きんねんまれ》なる大風雨にて、喬木《けうぼく》を折り、家《か》屋塀墻《おくへいしやう》を損《そこな》ふ。又、海嘯《かいせう》により逆浪《さかなみ》漲《みなぎ》りて、大小の船を覆《くつがえ》し、或《あるい》は岸に打上《うちあげ》、石垣を損じ、洪《こう》波《は》陸へ溢濫《いつらん》して家屋を傷《そこな》ふ。この間、水面《みなも》にしばしば火光《かぎろい》を現《あらは》す。此時《このとき》、水中に溺死・怪瑕人《けがにん》弄《いら》ふべからず」と書かれている（海嘯は高潮や津波のこと）。

この安政江戸台風は、伊豆半島付近から江戸の北側を抜けたため、台風の勢いが強くなる東側（危険半円）にあたる江戸東部に被害が集中したものと思われる。フィリピンのタクロバンと同じように、気圧低下による「吸い上げ効果」と湾奥への風による「吹き寄せ効果」で江戸湾に大規模な高潮が押し寄せたものと推定される。

**この時の台風は大雨、強風、高潮、大火の複合災害で、当時の瓦版には死者10万人余と書かれたものもある。**今で言う「安政のスーパー台風」だった。安政元（１８５４）年には安政の東海地震（死者３０００～４０００人）もあり、連続して発生した自然災害と凶作などが重なったこともあり徳川幕府は弱体化し、この地震の13年後に大政を奉還することになっていく。

## 2）高潮に弱い大都市

過去に連綿と台風・高潮に襲われているにもかかわらず、**津波の警戒はしても、高潮への知識と危機意識は薄い。**人口や社会資本が集積する東京、横浜、名古屋、大阪、福岡などもタクロバンとよく似た地形・地盤にある。そこへスーパー台風や巨大高潮が襲ったらと思うと背筋が寒くなる。

２０１８（平成30）年３月30日に東京都は、史上最大規模のスーパー台風が上陸し、高潮が発生した場合に予測される浸水区域図を発表した（⑥図）。図を見ると、**東京の沖積低地と呼ばれる東部を中心に23区の約3分の1となる212平方キロが浸水想定区域**となっている。堤防の決壊などもあり、一週間以上水の引かない浸水継続地域が広範囲にわたることも予測されている。

　東京都が高潮に対する浸水区域図を見直したのは、2015年に政府が水防《すいぼう》法（1949［昭和24］年制定）を改正し、最大規模の高潮を想定したハザードマップ作製やスムーズな避難などの対策を

**⑥図　東京都高潮浸水想定区域図【想定最大規模】（浸水深）**

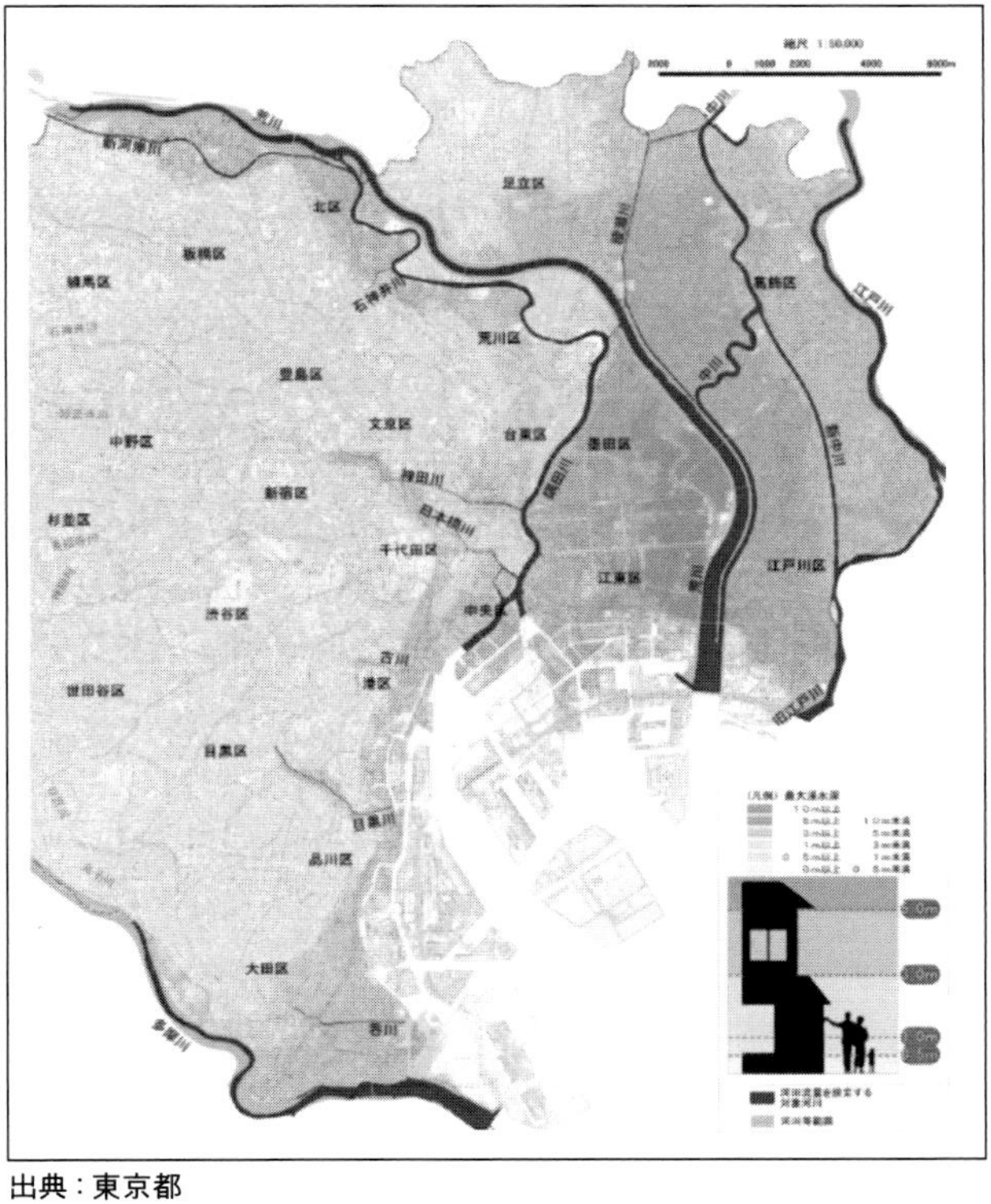


出典：東京都

自治体に求めたことによる。

　都は同法に基づいて東京湾における最大規模の高潮を想定。そのモデルとした台風は１９３４（昭和９）年9月21日午前5時ごろに史上最大の勢力で高知県・室戸岬に上陸し、高潮などで死者・行方不明者約３０００人という甚大被害をもたらした「室戸台風」である。室戸台風の上陸時における中心気圧は９１１・６ヘクトパスカルだった。日本本土に上陸した台風のなかで観測史上最も上陸時の中心気圧が低かった台風として記録されたスーパー台風である。この記録は未だに破られていない。

　風もすごかった。**室戸測候所が最大瞬間風速60メートル／秒を観測したのを最後に、強風で観測機器が損壊し観測不能に陥った。**室戸岬に上陸したあと北東に進み、午前8時ごろに大阪と神戸の間に再上陸する。すでに満潮時刻は過ぎていたものの、まだ潮位は高かった。そこへ最大瞬間風速60メートル／秒以上の強風により４メートルを超える高潮が発生する。大阪港の築港《ちっこう》付近の記録には30分ほどの間に２メートルを超える海水が流入したと書かれている。地盤沈下の影響もあって滞留した内水《ないすい》と押し寄せる海水により大阪城付近まで浸水させたとされる。

　短時間に押し寄せた激しい水流に避難が間に合わず、大阪湾沿岸で溺死した人は１９００人に上り、大阪市内で木造校舎を使用していた１８０校４８０棟の全てが全半壊または大破した。この台風が最大風速に達した時間がちょうど登校時間と重なり、強風で破壊された木造校舎の下敷きや残骸の飛来物によって児童・生徒や職員、心配して迎えに来た保護者などが多数犠牲になった。**室戸台風による大阪市内の小学校における死者は合計267人**（職員等9人、児童251人、保護者7人）、重軽傷者も1571人に上った。

東京都はこの室戸台風と同等の910ヘクトパスカルのスーパー台風を想定、高潮ハザードマップを作製した。その場合23区のうち17区で住宅浸水被害が出ると予想。東部の河川流域で海抜ゼロメートル地帯の**墨田区、江東区、江戸川区、葛飾区は区域の約9割が水没。都心部でも丸の内、新橋、銀座の一部などオフィス街や繁華街が浸水区域**とされ、区域内の昼間《ちゅうかん》人口は395万人に達する。浸水の深さは最大10メートル以上で、墨田区や江東区などは浸水深さの平均が7メートルになると予想されている。

その上、東京には地下鉄や地下街などの地下空間が多数あり、そこも浸水する可能性が高い。マンションやビルは地下の機械室や電気室に濁流が流入し、**周辺が1週間湛水《たんすい》したままとなれば、停電、断水の中で流通も途絶え長期孤立状態に陥る。水・食糧・非常用トイレなど最低1週間分の備蓄は不可欠となる。**これは、他の大都市も同じである。**気候変動により日本近海の海面水温は上がり、スーパー台風や巨大高潮が日本を襲う日は近い。**今のうち、自治体ごとに、地域ごとに、家庭ごとに、企業ごとに命を守る準備と行動マニュアルを作成し準備すべきである。

防災ひと口メモ　03

## 海面水温と海洋貯熱量

台風のほとんどは海洋上で発生する。台風になる条件は海面水温が26℃以上といわれる。しかし、海面水温だけでなくその高水温の深さも重要である。最近の研究では台風の発達及び最大強度は、海面水温よりはむしろ海洋表層の蓄熱量(以下海洋貯熱量)と密接な関係があるということが分かってきた。

人工衛星による海面観測の進歩に伴い、現在では日々の海洋貯熱量分布が解析されるようになり、各国の気象機関で海洋貯熱量が台風の強度予報に活用されるようになっている。日本近海海域の月別海洋貯熱量を見ると、台風が発生しやすい8月と9月の貯熱量が極めて高い。台風のステージは発生、発達、成熟、衰退に分類され、海面水温と海洋貯熱量によって寿命が変わる。ただ低緯度海域では11月くらいまで海洋貯熱量が高いので台風の発生期間が長くなる傾向にある。

スーパー台風と呼ばれた2013年台風第30号は、11月4日にトラック諸島近海で発生し、1日で約40hPaも気圧が降下した。7日には895hPaと急発達(本文参照)。フィリピン・サマール島上陸時の最大瞬間風速は105m。その時の台風の進路における海面水温は28～30℃で、台風直下の海洋貯熱量は100kJ／㎠を超えていたと推定されている。最近の日本近海の海洋貯熱量は高く、今後スーパー台風の警戒が必要である。

**海洋貯熱量／1955年からの増加量**

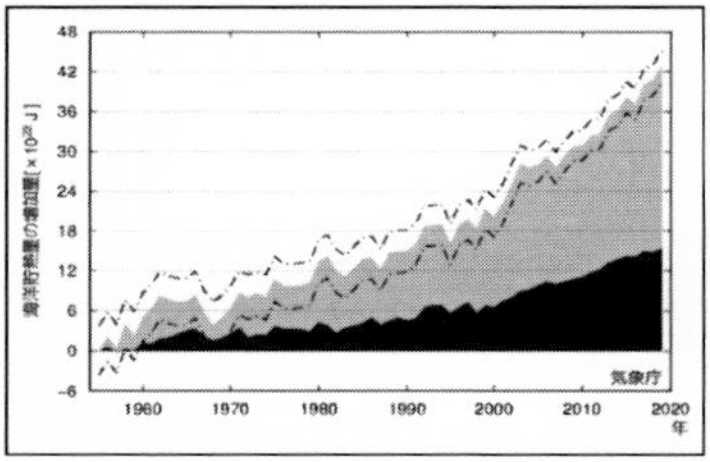


水色の陰影は海面から水深700mまで、紺色の陰影は水深700mから2000mまでの貯熱量を示し、一点鎖線は海面から水深2000mまでの解析値の95%信頼区間を示している
出典:気象庁

防災ひと口メモ 04

## 高波・高潮・津波の違い

高波とは、台風や発達した低気圧による強風によって起きる高い波をいう。高波が予想される場合、気象台は「波浪注意報」「波浪警報」の基準を地域ごとに定めている。例えば相模湾の場合、波高が1.5m以上で注意報、3m以上の波が見込まれると警報を出すとされている。

高潮とは、主に台風などの低気圧による海面の吸い上げ効果と、強風による吹き寄せ効果によって発生するものをいう。その時、大潮・満潮時が重なると高潮は大きくなり、沿岸から陸地に海水が侵入する。1959年の伊勢湾台風では、死者・行方不明者約5,000人で、その多くが3.89mの高潮による被害とされている。

津波とは、地震の震源域が海底で、海底の地盤が陥没したり隆起したときにその上の海水を変動させ、震源域から四方へ広がって陸地に押し寄せる波をいう。2011年の東日本大震災の時は、岩手、宮城、福島、茨城、千葉などに数mから十数mの津波が押し寄せ、2万人を超える犠牲者を出した。

津波が斜面を駆け上がった最大到達高度を遡上高というが、宮古市重茂姉吉では40.5mの遡上高の津波が押し寄せたと推定されている。予想される津波の高さが高いところで0.2m以上が津波注意報、1m以上で津波警報、3m以上で大津波警報が発表される。地震による地すべりで地盤が海に崩落したときに起きる津波もある。

**高潮が発生する仕組み**

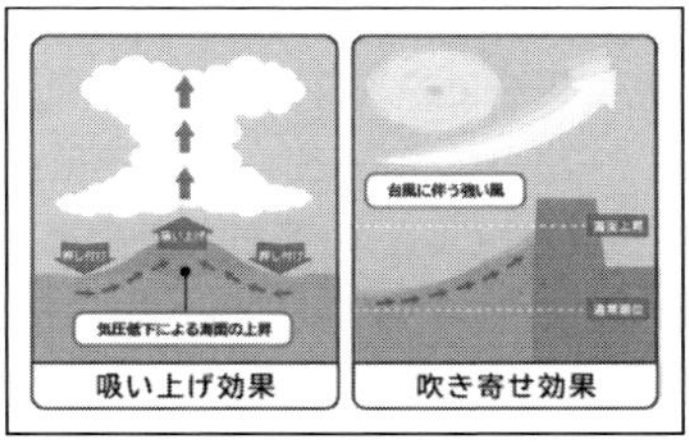


非常に強い勢力の台風は、暴風も大雨も高潮も高波も全てに厳重警戒する必要がある。それらが重なると甚大被害をもたらす危険性がある　出典:日本気象協会

防災ひと口メモ 05

## そもそも台風とは?

熱帯の海上で発生する熱帯低気圧が台風の卵である。その熱帯低気圧のうち北西太平洋(赤道より北で東経180度より西の領域)または南シナ海にあって、低気圧内の最大風速(10分間平均)が17.2m/s(34ノット、風力8)以上に達したものが台風と呼ばれる。暖かい海面から供給される水蒸気が凝固し雲粒になるときに放出される熱をエネルギー源として台風は発達する。

北半球では反時計回りに回転しながら、東風が吹いている低緯度では西に移動し、太平洋高気圧のまわりを北上し、中・高緯度に達すると上空の強い西風(偏西風)により速度を速めて北東へ進む。つまり台風は上空の風や台風周辺の気圧配置の影響を受けて動いている。それと合わせ、台風は地球の自転の影響で一般的に北〜北西に向かう性質を持っていて、夏から秋にかけて台風が日本を襲うのは、気温、海水温、気圧配置の条件が揃うからである。日本近海の海面海水温が高いと勢力を保ったまま接近・上陸してくる。

台風の寿命や勢力はエネルギーの消長によって変わる。移動する際に暖かい海面を通ればエネルギーは供給されるし、山間地や地上との摩擦、上空の寒気、低い気温などの影響を受ければエネルギーを失う。エネルギーの供給がなくなれば台風は2〜3日で「温帯低気圧」となりその後消滅する。上陸した台風の勢力が急速に衰えるのは、主に陸地との摩擦によりエネルギーが喪失すると考えられている。

**台風のメカニズム**

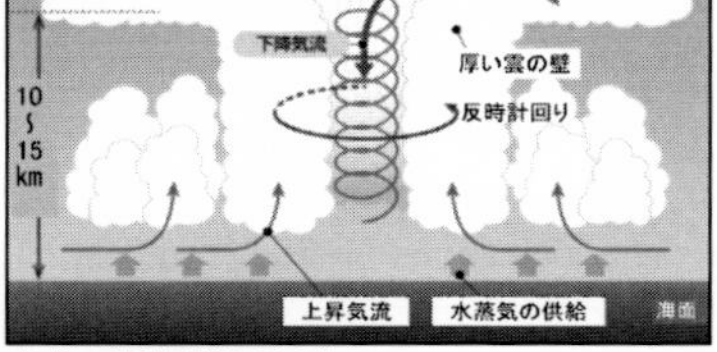

出典:理化学研究所

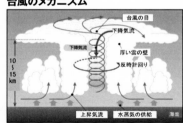

# 第二章

# 最近の台風の傾向と特徴

# 1 ノロノロ大雨台風／令和元年東日本台風（19号）

「敵を知り己を知れば百戦危うからず」（孫子・謀攻編）。台風に備え行動する時に、知っておきたいのは最近上陸した台風と被害の特徴である。気象庁は強風域の広さで台風の大きさを分類している。

最大風速が15メートル／秒以上の強風域半径が500キロ以下だと普通の台風だが、500〜800キロ未満だと「大型（大きい）の台風」、800キロ以上になると「超大型（非常に大きい）の台風」と定義される。さらに勢力の大きさは風速で表す。中心付近の最大風速が33メートル／秒以上〜44メートル／秒未満は「強い台風」、44メートル／秒以上〜54メートル／秒未満が「非常に強い台風」、54メートル／秒以上は「猛烈な台風」と呼ばれる。発表される時は、大きさと強さ（勢力）を組み合わせて「大型で強い台風」のように表現される。

2019（令和元）年9月の台風15号が上陸した翌月の10月12日19時前、「令和元年東日本台風（19号）」が再び関東地方を直撃する。大型で強い勢力を保ったまま伊豆半島に上陸した後、関東地方を席巻《せっけん》して13日未明に東北地方の沖合（太平洋側）に抜けた。この台風が誕生したのは10月6日3時、場所は南鳥島近海である。

台風は平年よりも高い海面水温領域を通過しながら急速に発達し、７日18時までの24時間で気圧が77ヘクトパスカルも低下した。発生からわずか39時間で中心気圧が９１５ヘクトパスカルの猛烈な台風に急成長した。小笠原諸島に接近した後大型で強い勢力を保ったまま伊豆半島に上陸する。

12日19時、上陸直前時の気圧は９５５ヘクトパスカルだった。この台風の特徴は、発生後まもなく猛烈な勢力に発達し、北上しても勢いが弱まらず、本州に接近するまで非常に強い勢力を保ったままだったことである。その原因は、**台風誕生直後から海面水温が平年より１度高い30度エリアの海域を進んだことに加え、日本に近い海面水温も27度以上と平年より１〜２度高く、エネルギー源となる水蒸気を大量に取り込んだことによる。**

発達した雨雲や周辺の湿った空気の影響で、接近につれて関東甲信地方、静岡県、新潟県、東北地方では３時間、６時間、12時間、24時間の降水量が各地で観測史上１位を更新するほどの記録的大雨になった。とくに神奈川県箱根町では降り始めからの雨量は１０００ミリに達し、10月12日の24時間降水量も全国歴代１位となる９２２・５ミリを観測する。

気象庁の梶原靖司予報課長は「東や南東からの暖かく湿った風が関東の秩父、丹沢や静岡の伊豆半島、東北南部などの山々にぶつかることで上昇気流が生じ、広い範囲で雨雲が次々と発生した」と言う。これほどの広域大雨要因の一つが、台風の進む速度にもあった。勢力が強くても短時間で通過すればさほどの大雨にはならない。

しかし、**台風19号は歴代3位のノロノロ台風だった。猛烈な勢力を維持していた期間は75時間で、平年の台風速度に比べ37パーセントも遅い。長い時間ゆっくり進んだことで、結果として広い地域に大雨を降らせ、洪水や土砂災害を引き起こし、死者・行方不明89人の犠牲者を出すことになる。**各地の被災現場で住人が口をそろえて「過去にない大雨と洪水だった」と証言している。

**上陸前から台風19号は「強い大型の台風」と警戒されていたので、メディアも含め強い口調で対策を呼びかけていた。その呼びかけの多くは約1か月ほど前の台風15号がトラウマになっていた。**台風15号の被害はほとんどが強風によるものだった。千葉県内で鉄塔、電柱、ゴルフ練習場の鉄骨が倒れた（⑦図）。さらに多くの屋根瓦が風に飛ばされ、数万戸

**⑦図　2019年房総半島台風（15号）／倒壊した送電鉄塔**

千葉県君津市／撮影：筆者

の住宅被害を出していた。15号の強風の恐ろしい記憶が冷めやらないまま1か月後に接近してきた台風19号。メディアも住民の間でも「強風への備え」が強調されていた。

しかし気象庁は「1269名の犠牲者を出した狩野川台風に匹敵する大雨に厳重警戒」と呼びかけていたが、人々の関心は強風対策に傾いていた。実際の台風19号は、風の影響も多少あったが、多くの被害が大雨による河川の氾濫、洪水、土砂災害によるものであった。

**気象庁の警告よりも、報道された直近の大規模災害を前提として備えようとするのが人間の常である。これが災害対策の死角となる。直前の災害で被害が多いほどその災害を念頭に模した対策に傾く。**直前と同じ災害が次にも起きるとは限らない。東日本大震災直後は大津波対策に大わらわだった。しかし、次に起きたのは津波のない連続直下地震（熊本地震）だった。**直近の災害の経験や教訓を活かすことは大切だが、災害はそれぞれ違う顔を持っていることを認識して、複眼的多角的に目配りし直近の気象情報に基づいた対応策が必要**となる。

## 2　コンパクトだが「猛烈風台風」／令和元年房総半島台風（15号）

「山椒は小粒でピリリと辛い」。台風が小型だからといって侮《あなど》ってはいけない。日本人はレッテルを貼るのが好きである。「令和元年房総半島台風（15号）」は、接近してくる前から**「非常に強い勢力だがコンパクトな台風」とレッテルが貼られていた。後から思うと、このコンパクト（小型）というレッテルがひとり歩きして、油断を招いた。**

被害の多かった千葉県の住民にインタビューしたところ、「コンパクト台風と言われたので、短時間で通り過ぎ、さほど警戒しなくていいと思って、あまり準備しなかった」「まさか屋根が飛ばされ、長期停電になるような猛烈台風だとは夢にも思わなかった」と語っていた。すべての台風が最大風速（10分間風速）17・2メートル／秒以上なので、大型でなくても強風への警戒を忘れてはならない。強風域（風速15メートル／秒以上）の半径が500キロ以上で大型の台風と呼ばれるが、15号は500キロ未満だったので大型未満、つまり「小型・コンパクト」の台風と表されていた。

こうした**お役所的線引き分類で、台風の大きさを定義してしまっていいのだろうか。**強風域の半径が500キロで「大型」、490キロだと「小型」ということになり、半径がたった10キロしか違わないのに受け止める側の印象や警戒度が大きく変わる。この台風の上陸時（9日午前5時）における強風域を見てみると、南東側70キロ、北西側220キロの大きさであった。実際には大型であろうとなかろうと周囲の気圧配置や雨雲などにより、台風の影響は広い範囲に及ぶものである。

９月９日午前５時、台風15号は千葉市に上陸する。上陸時９６０ヘクトパスカル・最大風速40メートル／秒で、関東地方に上陸した台風としては過去最強クラスである。北上してきた東京湾と房総半島周辺の海水温は28～29度と高かった。そこから発出する大量の水蒸気が台風のエネルギー源となり、衰えることなく房総半島から茨城に抜けていったものと思われる。千葉県内の15観測地点のうち11カ所が観測史上最大風速１位であったように、各地で猛烈な風が吹いた。上陸時の最大瞬間風速は千葉市で57・５メートル／秒を観測している。台風15号は**小型の台風であったことが勢力を維持した理由ではないかという指摘もある。**

大型であれば台風の中心が上陸前する前から数百キロほど陸地にかかっており、**渦巻全体が摩擦などにより陸地に入ると急速に勢力が衰える。それが小型であったため、主に東京湾と房総半島周辺の海水温の高い、陸などとの摩擦の少ないところを通過したため勢力が弱まることなく房総半島を席巻《せっけん》したという説である。**コンパクトだからこそ警戒が必要だったとも言える。

猛烈な風により千葉県市原市のゴルフ練習場ではボールネットを支える高さ10メートル以上の複数の鉄柱が倒壊。近くの住宅10戸に覆いかぶさるように倒れ、一部家屋の屋根を突き破り住民２人が負傷した。また君津市の山間地にあった東京電力の送電鉄塔２基も倒れた。そして建物被害も甚大であった。総務省消防庁の集計（２０１９年12月23日現在）によると、建物被害は、全半壊４５９５棟、一部損壊７２２７９棟、床上浸水１２１棟、床下浸水１０９棟。人的被害は死者３人、重軽傷者１５０人だった。

東京都世田谷区の50代の女性が亡くなった。死因は強風に煽られ壁に頭を打ち付けたことによる。千葉県大多喜町では台風による倒木を片付けていた87歳の男性が切り倒した木の下敷きになって死亡している。

被害で目を引くのは一部損壊家屋が７万棟を超えたことである。上陸後５日目から現地を回ったが、海岸線近くの民家は屋根や瓦が飛ばされて軒並みブルーシートが掛けられ、青屋根の町が出現したようだった（⑧図）。しかし、地域によってはブルーシートさえ不足していた。**壊れた屋根から雨が吹き込み、ベッド、布団、畳などがびしょびしょに濡れ、一部損壊というより床上浸水と同じ状態になっていた。**さらに送電システム損壊でピーク時には最大93万戸の大停電となり、復旧までに１～２週間かかった。

台風の後は36～38℃の熱波に見舞われた。大停電に

**⑧図　2019年房総半島台風（15号）／屋根瓦が飛ばされた家々**

千葉県鋸南町／撮影：筆者

よってエアコンが止まり熱中症とみられる症状で亡くなる人が相次いだ。９日の朝には印西市《いんざい》の西佐倉印西病院で62歳の男性が停電後に死亡。病院によれば自家発電設備は設置されていたが起動せず、電源が確保できずエアコンが使えなかったとのこと。

翌10日には南房総《みなみぼうそう》市で93歳の女性、市原市でも66歳の男性が自宅で死亡、また君津《きみつ》市でも停電中の特別養護老人ホームの82歳の入所者の女性が死亡している。いずれも熱中症と診断された。異常気象時代は台風後の熱中症対策を視野に入れた防災マニュアルが求められている。

# 3　梅雨前線を怒らせた台風／平成30年7月豪雨（西日本豪雨）

## 1）情報がないという情報

２０１８（平成30）年7月7日（土）、私は大雨特別警報が発表され、甚大被害が出ているという広島に向かおうとしていた。しかし、羽田に着くと先着していたテレビ局のスタッフが「広島便はすべて欠航です」と言う。聞いてみると、広島空港の滑走路は閉鎖されておらず、空港自体の機能も通常通りだが、空港からのアクセスが全滅で陸の孤島状態とのこと。

仕方なく、着陸困難な場合は羽田に引き返す条件付きで濃霧注意報の岡山空港経由に変更する。上空から見ても真っ白で岡山空港がまったく見えないくらいだったが、無事着陸。そこからマイクロバスで広島に向かう。激しい雨だった。ドライバーの話によると、岡山は「晴れの国」というが、こんな雨がもう1週間も続いていると言う。途中、停電で真っ暗な街を通り抜け、ほとんどの飲食店が断水で閉店しているという商店街を通過。

しかし、倉敷市に入るとドライバーから「全て通行止めでにっちもさっちも行かない、もうこれ以上無理です」と言われた。倉敷市で聞き取り調査をしていた時、別のタクシードライバーから「真備《まび》町で洪水が発生している」という親戚情報を得た。そこで急遽スタッフを2班に分け、1班は私と共に迂回して広島を目指し、もう1班は真備町に向かうことになった。

後で知るのだが、そのころ真備町では町の3分の1が水没し51人が犠牲になるなどの甚大被害を出していた。ほかにも「広島市、三原市、呉市で洪水や土砂災害が多発」とのローカル情報はあったが、**在京キー局の大手メディアはほとんど伝えていない。その時点ですでに9府県に大雨特別警報が出る異例事態にもかかわらず、災害特番も組まれていなかった。**

その日が土曜日ということもあって報道番組が少なく、情報番組は「オウム真理教死刑囚13人の死刑執行」と「タイ洞窟事件」に特化していた。一緒にいたスタッフは自局の放送を聞きながら**「日本人が大勢死んで救助を待っているというのに、外国の洞窟事件をやっている場合か！」**と吐き捨てるように言った。我々は運よく動き出した新幹線で広島に入り、その夜から調査し始め、翌日から災害現地情報を発信することになる。従来、一定規模以上の地震発生時に、在京キー局は全国ネットで特番を組むのがセオリー。だが、水害や土砂災害の場合は特番を組んでこなかった。

それは、**これまで水害や土砂災害は局所的災害との位置づけで、全国ネットの特番対象ではないとの暗黙の内規があった**からである。後に日本民間放送連盟の講演でこのことを話した。気候変動による異常気象時代に過去の常識は通用しない、新常態に即した報道ルールが必要だと訴えた。その後、多くの局が特番ルールを変更したと聞いている。

後で調査したところ、そのころ真備支所や真備消防分署などの防災拠点は、すでに電話や無線が浸水で使用不能となっていた（**⑨図**）。そのため、被害状況を集約することも伝達することもできなかったようだ。大規模災害の場合、発災直後は甚大被害とイ

**⑨図　平成30年7月豪雨（西日本豪雨）／消防署の1階水没**

岡山県倉敷市真備町／撮影：筆者

ンフラ途絶で被災地から被災情報が出せないことが多い。

河川の決壊が判明しても被害状況が伝わってこない地域があれば、メディアは激甚被害を疑い能動的に情報を取りに行く必要がある。なぜならば**激甚被災地からは「情報が出せないという情報」が発信されている**からである。

## 2) 台風の接近・通過前後に大雨

俗に**「雷鳴れば、梅雨明ける」というが、逆に読めば「梅雨明け前は天気が荒れる」ということになる。**天気予報で「大気が不安定、落雷や突風に注意」とアナウンスされるように、積乱雲が発達する時に竜巻や落雷が発生する。つまり、梅雨どきは大気が不安定になりやすく、令和2年7月豪雨や西日本豪雨も梅雨前線による雷を伴った激しい雨だった。

「平成30年度版消防白書」によると、西日本豪雨の主な被害（2018［平成30］年11月6日現在）は、死者224人、行方不明者8人、負傷者459人、住家《じゅうか》全壊6758棟、半壊1万878棟、一部損壊3917棟、床上浸水8567棟、床下浸水2万1913棟という広域災害となり、「平成最悪の水害」といわれることになる。

運用を開始して以来最多となる11府県に大雨特別警報が発表された。気象庁が発表した観測データによれば、6月28日0時～7月8日9時までの総降水量は、四国地方で1800ミリ、中部地方で６００ミリ、中国地方で５００ミリを超えていた。多くの観測地点で48時間、72時間雨量が観測史上最大値を更新している。とくに中国地方（山口県を除く）では７月５日～７日までで平均２９２・２ミリの記録的大雨となった。

この大規模水害をもたらした大雨の特徴は、台風７号が主因ではなかったことだ。６月29日に日本の南で発生した台風７号は、南シナ海を北上し、対馬海峡付近で進路を北東に変えた後、７月４日15時に日本海で温帯低気圧に変わった。前後するが、台風がやってくる前の６月28日以降、停滞していた梅雨前線は７月４日にかけ北海道方面に北上した後、７月５日には西日本まで南下し、その後停滞していた。この梅雨前線と台風７号の影響により、日本付近には暖かい湿った空気が供給され続け、西日本～北日本にかけ広い範囲に長く雷雨を伴う記録的大雨を降らせた。

つまり、停滞していた梅雨前線が台風で刺激され、台風通過前後に大雨が降ったのである。**台風により前線が刺激された大雨災害は過去にたびたび発生している。**２０００（平成12）年の台風14、15、17号と停滞前線により東海地方で記録的大雨となり７万棟が浸水した「東海豪雨」。２０１７（平成29）年７月の台風３号と梅雨前線による大雨と暴風で甚大被害となった「平成29年九州北部豪雨」などなど枚挙にいとまがない。今後も台風の勢力に一喜一憂するだけでなく、周辺の前線や低気圧などの気圧配置と合わせての警戒が必要である。

# 4 東北初上陸の訳あり台風／平成28年台風10号

**「昨日の常識は、明日の非常識」**。「平成28年台風10号」は不思議な台風だった。岩手県岩泉町の高齢者グループホーム「楽ん楽ん」で入所者9人が犠牲になった災害である（⑧図）。

２０１６（平成28）年８月は、18～31日にかけて台風７号、11号、９号、そして10号が相次いで上陸し、東日本から北日本を中心に大雨が降り暴風が吹き荒れた。その年、11番目に誕生したので本来は台風第11号と呼ばれるはずだったが、訳あって10号となっている台風である。それは気象庁が１９５１（昭和26）年に統計を取り始めて以来、初めて東北太平洋側に上陸した台風だが、上陸するまで迷える子羊のように複雑な動きを繰り返した。台風10号になったのが８月19日21時、場所は八丈島の東。通常、台風が発生する頻度が高い海域はフィリピン近海や沖縄の南東海上あたりで、北緯15～25度、東経１２５～１３６度付近である。なので北緯33度というのはかなり高緯度で発生（？）した台風であった。

この台風は後日、気象庁が誕生場所と日時が間違っていたと修正することになる。人工衛星が発達した今日、これは珍しいミスである。当初19日21時に関東の南東洋上で台風誕生と発表されたが、気象庁が再度解析した結果、21日21時に四国沖（北緯29度10分、東経１３３度20分）

での誕生だったことが判明し、修正された。つまり、19日21時の速報値は中心付近の最大風速が18メートル／秒とされていた。

　しかし、あとで解析したところ、その時点ではまだ台風の要件である最大風速17・2メートル／秒以上に達していなかったと判明する。結局、異例の高緯度台風でもなかったことになる。その結果、11号の方が先に誕生していたので**「この年11番目に誕生した台風10号」と変な前置きで紹介される訳あり台風**となった。

　台風10号となる熱帯低気圧は、初め伊豆諸島の南東沖合から北西方向に進み、日本付近に接近するが、伊豆諸島付近で南西寄りの方向に進む。そして8月21日に四国沖で台風となる。その後南下を続け26日には今度は北方向にUターン反転し、結果的には南大東島の南方でさらに反時計回りの円を描くような

**⑩図　2016年岩泉豪雨（台風10号）／グループホーム楽ん楽ん**

岩手県岩泉町／撮影：筆者

進路を取った後またUターン、発達しながら8月30日に岩手県大船渡市付近に上陸する。伊豆諸島沖～四国沖～南大東島南方まで行って、また伊豆諸島沖に戻り、その後東北に上陸した。

前述の通り気象庁が統計を取り始めた１９５１（昭和26）年以来初めて東北太平洋岸に上陸した出戻り台風となり、移動距離は３８５１キロに達し台風の寿命は２１０時間という異例の長さとなった。上陸した後は東北地方を縦断したため、猛烈な雨を降らせて甚大被害をもたらす。翌31日に日本海に抜け温帯低気圧に変わり長い生涯を終わる。

この台風10号の影響は、日本だけでなく中国、北朝鮮、ロシアなどにも大雨被害を与えた。とくに岩手県下閉伊《しもへい》郡岩泉《いわいずみ》町では降り始めからの雨量が１３６ミリに達し、小本《おもと》川などが氾濫し、**社団医療法人緑川会が運営する高齢者グループホーム「楽《ら》ん楽《ら》ん」を水没させ入所者９人が犠牲になった**（⑩図）。

**現場に行ってみると、そこは河川敷だった。**小本川は早坂高原に水源をもち、岩泉町内を東西に横断して三陸沿岸の小本漁港へ注ぐ、鮎漁でも有名な清流である。なぜその河川敷に災害弱者を収容する施設を建ててしまったのかと、疑問に思うような川の縁である。

しかも「楽ん楽ん」は木造平屋建てだったのだ。小本川から数メートルしか離れていないため、氾濫後短時間に天井まで浸水してしまった。同じ法人が同じ敷地内で運営する介護老人福祉施設は「楽ん楽ん」に隣接する鉄筋コンクリート３階建てである。避難準備情報が発令された時に隣の施設に避難させていれば助かった命である。痛ましい限りである。施設の責任者は、まさか台風が東北に上陸するとは思っていなかったと言う。さらに、これほどの雨を降らせ川が氾濫するとは思わなかった、とコメントしていた。そして「避難準備情報は高齢者が避難を開始する情報だったとは知らなかった」と言う。台風が過去上陸したことのない東北だからといって許される問題ではない。これからは今までと違うところに大雨が降る時代なのだ。それに、避難準備情報の意味を高齢者施設の責任者が知らなかったということに驚いた。**過去の常識をいったんリセットして、要配慮者利用施設の管理者には、今後はどこでも大型台風が襲い、大雨が降る危険性があることを前提とした準備と対策が不可欠**である。そして、こうした施設は安全な場所に作るべきではないか。

# 5 2015年関東・東北豪雨／線状降水帯をもたらした台風

## 1) 線状降水帯とバックウォーター現象

「安全は、目配り、気配り、心配り」。「平成27年9月関東・東北豪雨」と命名された豪雨災害で、引き金《トリガー》になった言われる9月7日に発生した台風18号は、台風そのものによる直接被害は少なかった。しかし、愛知県に上陸した後9月9日に温帯低気圧に変わってから災害を引き起こした。太平洋上にあった台風17号からの風と台風18号通過後に流れ込んできた湿った風が、関東北部から東北南部で合流して大規模な豪雨災害を起こし、鬼怒川など85もの河川が決壊・越水《えっすい》したのである。

その時、メディアなどで**多用されたワードは「線状降水帯」と「バックウォーター現象」であった。線状降水帯とは「次々と発生する発達した雨雲（積乱雲）が列をなし、数時間にわたってほぼ同じ場所を通過または停滞する、線状に延びる長さ50～３００キロ程度、幅20～50キロ程度の強い降水を伴う雨域」**である。

気象庁の「高解像度降水ナウキャスト」の記録を見ると、台風18号の東側に存在していたアウターバンド（台風の周囲を取り巻く雨雲）が関東地方に移動したあと、幅１００～２００キロの南北に延びる線状降水帯（幅20～30キロ、長さ50～１００キロ）がほぼ同じ場所で繰り返し発生していた。それが時間雨量50ミリを超える強い雨を降らせたのである。

注目すべきは鬼怒川《きぬがわ》上流の降水量である。栃木県にある五十里《いかり》ダムで72時間雨量が６１７ミリ、中三依《なかみより》ダムで５８９ミリ、湯西川《ゆにしがわ》ダムで５３８ミリが観測されている。それに引き換え、常総市や鬼怒川下流の72時間雨量は水海道《みつかいどう》で２０１ミリと、上流の３分の１しか降っていない。

　そのため常総市で避難勧告が出された時も、市民たちはこの程度の雨なら避難しなくてもいいのではと思ったという。**自治体作製の洪水ハザードマップには、その市域内での災害予測しか描かれていない。上流や流域の降水量との相関関係を明確にして避難のタイミングを失しない広域ハザードマップが必要だ。**自分たちの市域の雨量だけでなく、上流の山間地に降る雨との因果関係が共有できるハザードマップにすべきである。

　また、鬼怒川上流の雨による増水だけで決壊したわけではなく、その下流で合流する利根川の水位が高くなり鬼怒川に逆流するバックウォーター現象によって決壊している。上からの流れと逆流してきた下からの水流が合わさり、結果として常総市付近で堤防が決壊・越水したものと推定されている（⑪図）。こうした、線状降水帯とバックウォーター現

**⑪図　2015年関東・東北豪雨（台風18号）／鬼怒川決壊**

茨城県常総市／撮影：筆者

象は、これからも頻繁に起きる可能性が高い。

## 2）心の堤防を高くせよ

この関東・東北豪雨による犠牲者は宮城県2人、栃木県3人、茨城県3人の計8人（総務省消防庁）。筆者は9月12日から3日間、常総市の鬼怒川決壊・浸水現場を回った（⑫図）。約40平方キロが浸水した常総市などで特筆すべきは、陸海空からの立体的救助活動だった。大規模な洪水の割には犠牲者数が少なかったのも、彼ら救助隊の活躍によるものである。

ヘリコプターにより救助された人は1343人（自衛隊723人、海上保安庁99人、警察209人、消防312人）、地上部隊により救助された人3128人、合計4471人に上る。雨中、決壊直後の困難な状況下にもかかわらず、見事な救助活動を展開し崇高な使命を果たした自衛隊、海保、警察、消防の皆様に、心より敬意と感謝の意を表したい。**しかし、これほどの人が救助されたということは、これほどの人が避難しなかったということでもある。**

今回浸水したエリアは常総市洪水ハザードマップの「浸水のおそれのある区域」にぴったり符合する。この洪水ハザードマップは関東・東北豪雨の6年前、2009（平成21）年4月に公表され、全戸に配付済で、市のHPでも閲覧できるようになっていた。そのハザードマップを知っていて、特別警報でいち早く避難した人もいたが特別警報が出されたにもかかわらず、市民の多くが決壊前に避難しようとしなかった。

逃げ遅れ、ヘリで救助された男性（60）に話を聞くと、「鬼怒川は昔、よく氾濫したというが、近くに流れる小貝川《こかいがわ》は氾濫しても鬼怒川は氾濫していない。だから、最近は治水技術が進んでいると思っていた。まさか堤防が決壊するとは思わなかった」という答えが返ってきた。住民の多くが「自分だけは、うちの地域は大丈夫」という正常性バイアスにとらわれていたのではないかと思った。

**いくらハザードマップを配付しても、いくら適切に避難情報が発令されても、肝心の住民がリスクを理解し命を守る行動を起こさなければ、今後も同様の逃げ遅れが続くことになる。**日中の氾濫だったので、ヘリや陸上から約４５００人が救助できたが、これが夜間だったらもっと多くの犠牲者が出たと思われる。後日、この地域の住民にハザードマップを見たことがあるかというアンケート調査をしたところ、見たことがあると答えたのは21パーセントに過ぎなかった。

これは全国で概ね共通している。自治体の住民に対する防災知識・意識の啓発不足という基本的かつ普遍的課題は未だに解決されていないのである。**ハザードマップを作成し、配付しただけで危機意識が向上するわけではない。いかにひとり一人に自分と家族のリスク、自宅のリスクとして肌で感じてもらうかが大切である。**

**どれほど堤防を高くしても、それを乗り越え、壊す災害はいつか必ず発生する。頑丈な堤防に改修するなどのハードも大切だが、それよりもっと大切な防災対策は「ひとり一人の心の堤防を高くすること」である。**そこにこそコストとエネルギーを傾注すべきだ。

**鉄は熱いうちに打てというが鉄はすぐ冷める。鉄は打ち続けていないといけない。**住民への継続的意識啓発活動が不可欠である。今後はさらに過去に経験したことのない大雨が降る危険性がある。実践的な洪水ハザードマップの策定と、住民の防災リテラシーを高めることが地域防災の最重要課題となっている。

**⑫図　2015年関東・東北豪雨／鬼怒川決壊箇所**

茨城県常総市／撮影：筆者

# 第三章

# 狂暴台風から命を守る5原則

**「段取り八分」**という言葉がある。いい仕事をする職人は事前の段取りに心血を注ぐ。防災も同じだ。災害が起きてからできることはせいぜい２割、すべての防災対策は事前対策が８割である。事前対策の大切さはわかっていても、それは役所や防災関係機関がやってくれるものと思っている人もいる。**自分や家族を守るのに他人の力だけを当てにしていてはいけない。「安全は誰かに与えられるものではなく、自ら努力してこそ得られるものである」**。台風が接近してから電池や食料を買いに走っても、もう売っていない。いざという時に慌てないように、**「失ったら取り返せないことを優先せよ」**。危機管理で重要なのは優先順位である。**失ったら取り返せないものは「命」と「時間（タイミング）」**。命は当然だが時間・タイミングも取り返せない。今、逃げなければ、今、準備しなければ、今という時間、今というタイミングしかないのである。今、事前にできることを準備しておかなければならない。それが命を失わないための段取り八分なのだ（**防災ひと口メモ⑥**）。

## 1　情報は待たずに取りに行け

台風が近づくとテレビやラジオで夥《おびただ》しい情報が流れる。しかし、それが**すべて自分や地域に**

**有用な情報とは限らない。マスメディアの情報は全体的に一般論が多い。自分や家族の安全のために、本当に必要な情報は自分で取りに行くしかない。**

とは言え、台風が接近してからどこからどんな情報を得ようかと考えているようでは遅い。事前にスマホやパソコンのお気に入りやブックマークに入れておくとか、市区町村の防災メールやエリアメールに登録しておけば、災害情報や避難情報がプッシュ方式でメールとなって届く。そのほかにもリアルタイムの気象情報は気象庁のホームページから利用できる。

気象庁のホームページを開き、上部の「防災情報」をクリックして防災情報のページに移動する。そこには大きく **気象**・**地震**・**津波**・**火山**・**海洋** というタイトルがある。台風や大雨に関する情報は、**気象** のカテゴリーから次の項目を選ぶことができる。

**気象警報**・**注意報**・**土砂災害危険度分布**・**浸水害危険度分布**・**洪水危険度分布**・**気象情報**・**台風情報**・**指定河川洪水予報**・**土砂災害警戒情報**・**竜巻注意情報**・**高温注意情報**・**早期注意情報（警報級の可能性）**・**レーダー**・**ナウキャスト（降水・雷・竜巻）**・**雨雲の動き（高解像度降水ナウキャスト）**・**今後の雨（降水短時間予報）** などなど。ほとんどの気象情報が網羅され利用できる。

スマホやパソコンのGPS機能をオンにしておけば、クリックと同時に自分の住んでいる場所の情報が表示される。中でもお勧めするのは、雨雲の動きがわかる **高解像度降水ナウキ**

ヤスト（⑬図）。1時間前～1時間後の雨雲の動きが危険度別に色分けされた動画で表示される。そのほかにも気象庁ホームページの危険度分布というアイコンをクリックすると、土砂災害、浸水害、洪水などの危険度がすぐ分かる。台風情報では、5日後までの予報進路などを知ることもできる。気象庁だけでなく、NHKニュース（防災）や、ヤフー防災アプリ、防災情報・全国避難所ガイド、グーグル防災マップ、楽天緊急速報メールなど様々なアプリがある。**まずは自分の地域の自治体ホームページで防災メールに登録することから始める。**そうすると災害発生情報や避難情報などが自動的に送られてくる。

台風接近前に必要な情報は取りに行くこと、その準備をしておくこと、段取り八分で事前に登録しておくことから始めよう。

**⑬図　雨雲の動き（高解像度降水ナウキャスト）**

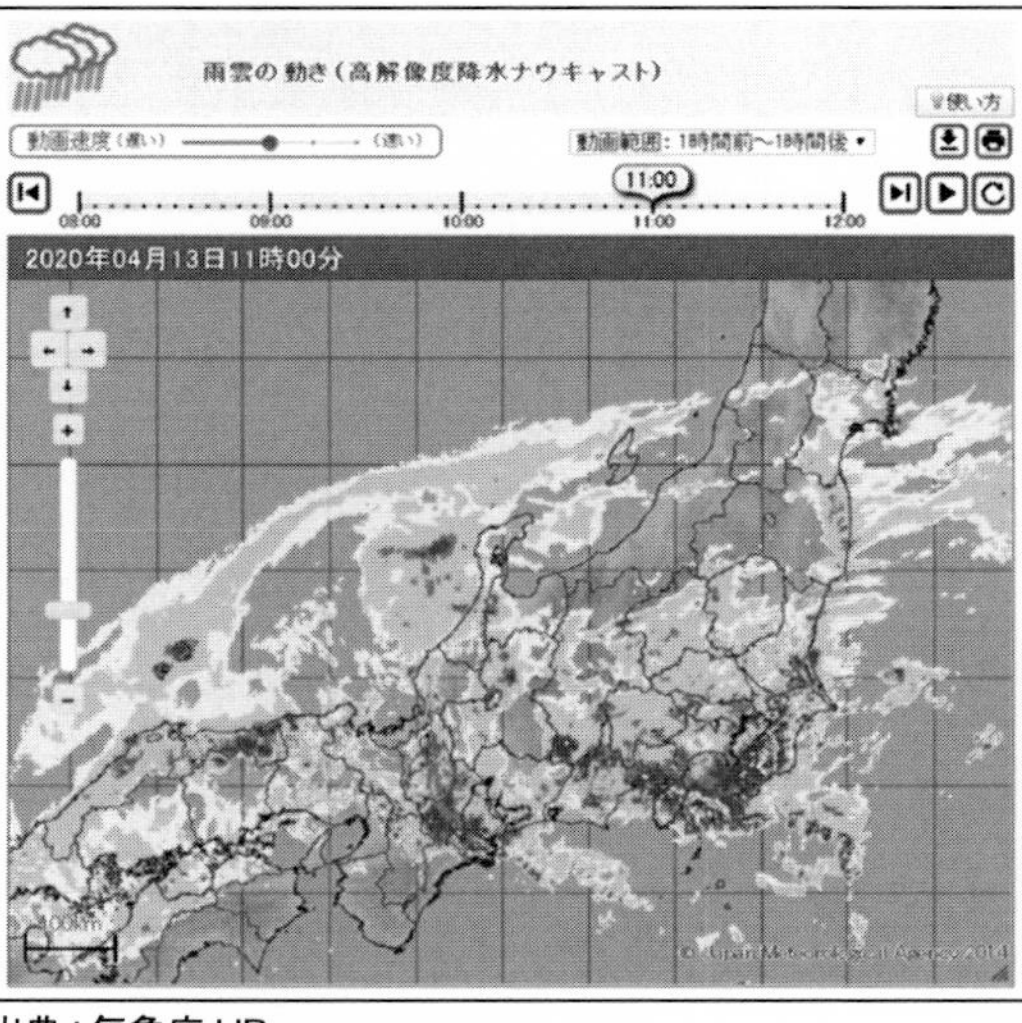


出典：気象庁 HP

# 2 自分で作る「我が家の防災マップ」と「避難スイッチ」

市区町村が作製したハザードマップなどを参考にして、「我が家の防災マップ」作りをお勧めする。市区町村の防災マップは、避難場所や避難所などの全体を見るにはいいが、さほど詳細ではない。一番知りたい個人別（居宅《きょたく》）の避難経路や危険個所までの記載はない。

**そもそもリスクとは地域ごとにだけでなく、家ごとに異なるものである。**例えば鉄筋コンクリート造のマンションの３階以上に住んでいたら、ハザードマップで浸水想定区域となっていて、大雨で避難勧告が発令されたとしても避難の必要はなく、在宅避難の方が安全である。逆に、河川近くの家屋倒壊等氾濫想定区域にある家は、道路が冠水する前に、明るいうちに早めに避難するほうがいい。土砂災害警戒区域にある家は、その地域に土砂災害警戒情報が発表されたら、周囲や避難路の安全を確認して早めに避難すべきである。

避難勧告などが出た時、すでに道路が冠水していて避難が困難であると判断したら、斜面から離れた上階のより安全な部屋に退避するしかない。このように**リスクは家ごとに、災害ごとに、状況ごとに異なる。自宅のリスク度を認識した上での判断と行動が生死を左右することになる。**

**だからこそ我が家の防災マップが必要になる。**大雨・洪水で危険な橋、土手、用水路、側溝などは避ける、崩れそうな斜面には近づかないなど、避難場所までの複数ルートを記載した防災マップが必要である。台風以外でも地震の場合や噴火の場合などにも対応できる防災マップがいざというとき命を守ることになる（⑭図）。

## 3　避難スイッチとは

そして**我が家の「避難スイッチ」も決めておくといい。避難スイッチとは、避難の判断基準のことである。**西日本豪雨で被害の多かった広島県呉市の現地調査に行った時、洪水で流されたお宅のご主人に話を聞いた。その家から５メートルほど

⑭図　我家の防災マップづくり

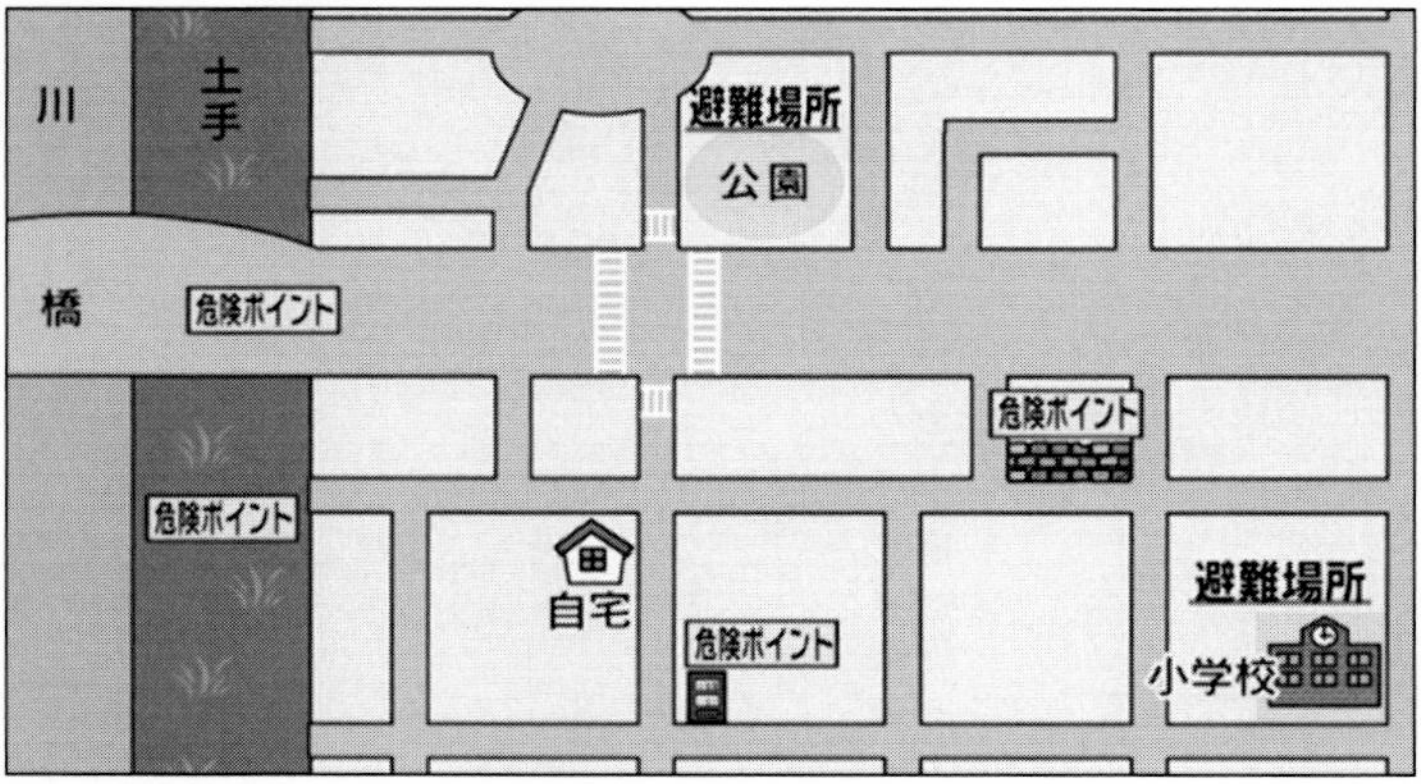


複数の避難経路を実際に歩いてみる。できるだけ危険個所の少ないルートで避難する
出典：防災システム研究所

に位置する約4メートル幅の中小河川（渓流）が氾濫した。2階建てのご自宅はほとんど流され、基礎だけの無残な姿になっていた。

それでも「家族全員早めに避難して助かった。亡くなった親父の言葉がなかったら死んでいた」という。ご主人の父親は生前、「大雨が降って増水した時、川の真ん中にあるあの大きな石が隠れたら、なりふり構わず逃げろ」と繰り返し言っていたそうである。それを覚えていたので「西日本豪雨の時は雨の降り方が異常だったので、**交代で懐中電灯で外を照らし見ていた。すると夜中になって、あの大石が濁流で隠れた。心の準備ができていたので、家族全員一目散に避難して助かった**」という。このお宅の避難スイッチは、大石が隠れる水量だった。

自主防災会単位で「避難スイッチ」を決めている地域もある。兵庫県宝塚市川面《かわも》地区は武庫《むこ》川《がわ》沿いに約１８００人が暮らす街で、何度も浸水被害を受けてきた地域である。この地区では京都大学防災研究所の先生の助言を受けて、気象庁のデータと川の水位、監視カメラの映像で確認してローカルルールを作り、自分たちの避難スイッチを決めている。

この地域は洪水警報、避難勧告、土砂災害警戒情報など、自宅や地域の環境変化に応じて、避難を判断するきっかけとして「我が家の避難スイッチ」を決めておくといい。危険区域にお住まいであれば家族で話し合って、単純でわかりやすい「我が家の防災マップ」と「命を守る我が家の避難スイッチ」が必要となる。

# 4 水の流れを読む、平時の「雨の日散歩」

**「平常時の雨を確認しておかなければ、異常な雨と判断できない」**。強風や大雨になってから家の周りを確認するのは極めて危険。そこで、危険のない少ない雨（小降り）の時に家族一緒に「雨の日散歩」に出かけることをお勧めする（⑮図）。できれば自前の「我が家の防災マップ」を持って出かけるとよい。自宅から避難所まで、複数の避難ルートを歩いてみると、普段気づかないことが見えてくる。

氾濫する危険性のある土手や堤防、せき止めダムになりそうな橋、崩れそうな斜面、蓋のない側溝、蓋が外れれば危険な通路のマンホール、強風で飛ばされそうな建物や設備、倒れるおそれのある煙突、電柱、フェンスなど、避けるべきポイントをマップに記入する。その上で重要となるのは、**平時から雨水の流れを見ておくことである。**自宅周辺の高低差がどのくらいあるのか、どこから流れてきて、どこへ流れて行くのか。そして、どこで滞留し湛水するのか。水の濁りや流速など、それが少雨時の平常値だとすれば、異常な雨かどうかを判断できる。

さらに大雨で冠水した時の危険な避難ルートと安全なルートの把握に役立つ。わずかな傾斜でも大雨の時は強い流れになり歩行困難になることも想定する。そうしておけば、いざという時の避難ルートだけでなく、避難スイッチを入れるタイミングを計る判断材料になる。また、自宅や敷地内へ雨水はどこから流入してくるのか、平常時の水の流れ方や速さ、どの排水溝へ流れて行くのかも見ておく。そして、万一の大雨で濁流が流入してきた場合、土《ど》のう袋や水《すい》のうで玄関や出入り口への侵入を防ぐことができるかどうか、どこにどのようにそれを積んだらよいかも雨の流れで見定めておくといい。雨の日だから見えることがある

「雨の日散歩」から戻ったら、我が家の家族防災会議を開き、非常持ち出し袋や防災備蓄をどうすべきかを話し合っておく。そこで議題にするのは、いざという時の「避難スイッチ」をどうするか、緊急時に家族が離れ離れになっている際の緊急連絡方法、停電・断水・回線不通・計画運休など、発災《はっさい》時に想定される結果事象ごとに何を準備すべきかを話し合い、まとめたものをメモして各自がいつも携行するようにすることが極めて重要である。

**⑮図　弱い雨の時に「防災・雨の日散歩」**

出典：防災システム研究所

## 5 台風は「マイ・タイムライン」で迎え撃つ

### 1）タイムライン（防災行動計画）

**日本およびその周辺にやってくる台風は、気象庁によると年間およそ26個発生し、約11個が日本から300キロ以内に接近して、約3個が日本に上陸する（1981〜2010年の30年間の平均）。台風の長寿記録は19・25日（1986年台風14号）だが、一般的な台風の寿命は平均5・3日である。**その間、勢力、進路、速度などや雨雲の状況などがリアルタイムで解析され発表されている。つまり、様々な自然災害の中で、毎年のように襲来するが、事前に日時、場所、災害規模がほぼ正確に予測できるのが台風である。

予測可能リスクであれば準備や対策が事前にでき、被害を最小限に抑えることができるはずである。その対応策の一つが「タイムライン」である。

**タイムラインとは、事前防災行動計画のことである。**例えば鉄道各社は、台風接近時に予め策定したタイムラインによって計画運休などが実施されている。台風の上陸あるいは最接近時をゼロアワーとする。それを遡った時系列で、いつ、誰が、何を、どのように行動するかを具体的に定めるのである。

例えば４日後に台風が上陸すると予測された場合、96時間（４日）前に災害対策本部を立ち上げ情報収集を行い、72時間（３日）前に災害対策本部会議を開き計画運休路線と時間を決定・準備。48時間（２日）前に利用者やメディアに計画運休予定を発表。24時間（１日）前に計画運休を実施。12時間（半日）前に対応はすべて完了。スタッフも12時間前には安全な場所に退避・配置を完了し、復旧再開準備に着く。

目前に迫ったリスクの被害を最小限に抑えるために万全の備えを事前に完了しておく。これがタイムライン。防災担当者だけでなく、各部署やスタッフひとり一人の役割を明確にして、一糸乱れず連携して防災行動がとれるようにする事前の準備である。これは個人にも応用できるので、防災家族会議を開き「マイ・タイムライン」をつくっておくと安心だ。

## 2) マイ・タイムラインの作成（例）

台風に備えた我が家の「台風防災マイ・タイムライン」は、大雨対策・強風対策、浸水対策・インフラ途絶対策・復旧対策も組み込んだタイムラインが必要になる（⑯図）。

**【台風接近・72時間前（3日前）】**

**●家族防災会議を開き、ハザードマップ、防災マップを確認しておく。**

●大事な用事は前倒しで早めに済ませておく。
●離れた家族同士は緊急連絡方法を確認しておく。
●隣人たちに声を掛け、協力し合って排水溝や側溝などの防災掃除をしておく。
●断水や停電に備え、水・食料・電池、懐中電灯などの点検・補給をしておく。

【台風接近・48時間前（2日前）】

●飛ばされそうなプランター・植木鉢・自転車・ゴミ箱などを室内に入れるか固定する。
●強風に備え、養生《ようじょう》テープ、ガラス飛散防止フィルムを貼るなど窓ガラスの補強をする。
●低地の浸水想定区域は、土のう袋や水のうを準備または設置しておく。
●非常持ち出し袋の中身を点検・確認し、雨具といっしょに玄関に準備しておく。
●気象庁サイトなどから出される台風情報を確

⑯図　台風防災マイ・タイムライン（例）

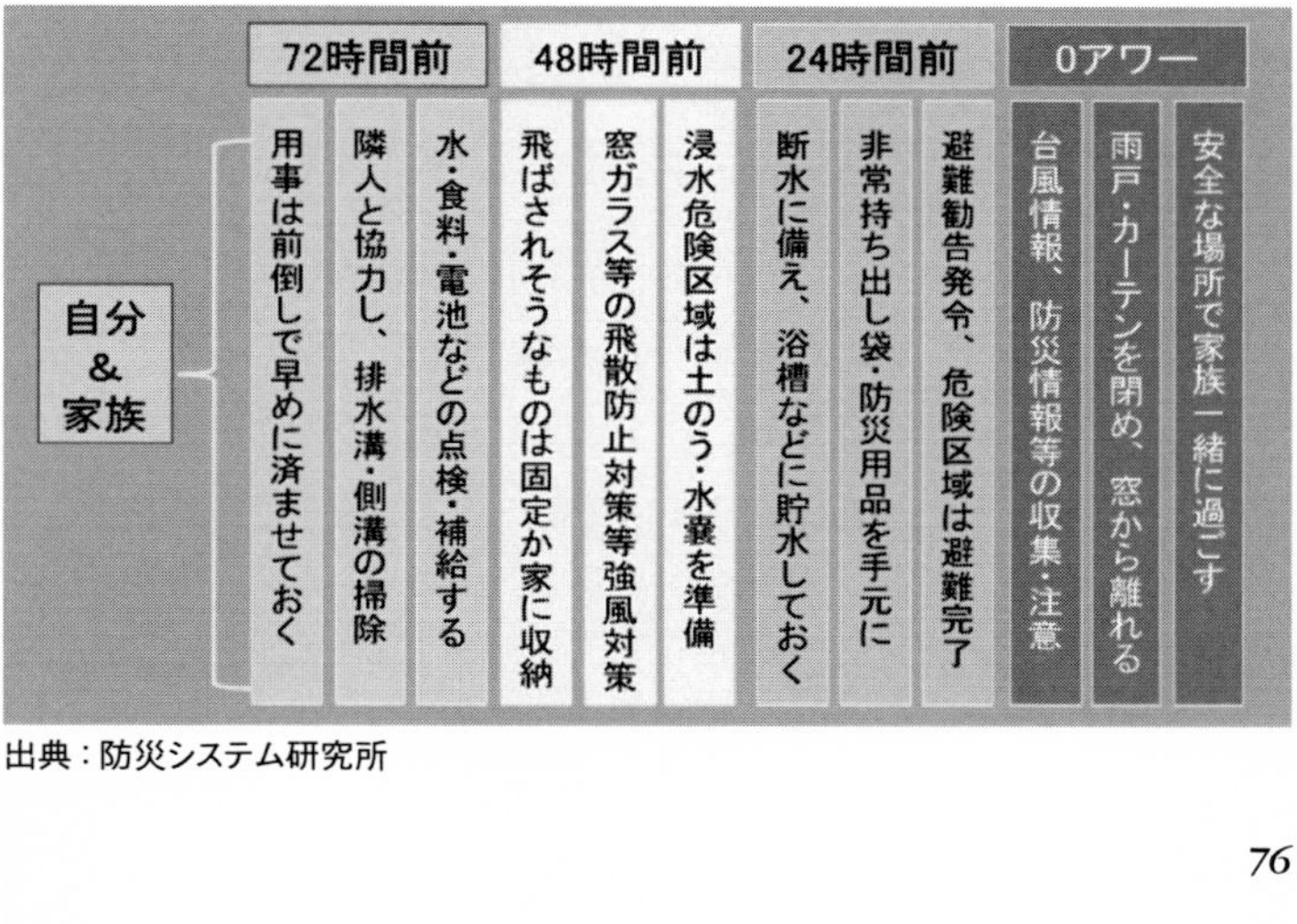
自分
&
家族
72時間前
用事は前倒しで早めに済ませておく
隣人と協力し、排水溝・側溝の掃除
水・食料・電池などの点検・補給する
48時間前
飛ばされそうなものは固定か家に収納
窓ガラス等の飛散防止対策等強風対策
浸水危険区域は土のう・水嚢を準備
24時間前
断水に備え、浴槽などに貯水しておく
非常持ち出し袋・防災用品を手元に
避難勧告発令、危険区域は避難完了
0アワー
台風情報、防災情報等の収集・注意
雨戸・カーテンを閉め、窓から離れる
安全な場所で家族一緒に過ごす

出典：防災システム研究所

認しておく。

●土砂災害警戒区域・急傾斜地崩壊区域は避難経路を再確認しておく。

【台風接近・24時間前（1日前）】

●不要不急の外出は避ける（河川・海・傾斜地などの様子を見に行かない）。

●断水に備え、浴槽、ペットボトル、水筒、バケツなどに水を貯める。

●非常持ち出し袋や非常用トイレ等の防災用品を確認し、ラジオや懐中電灯は手元に置く。

●万一に備え、いつでも避難できるように準備する。

●浸水の危険性があれば、電子・電化製品など濡れたら困るものは2階に上げる。

●避難情報が発令された場合は、危険区域の居住者は直ちに避難所に避難する。

●危険区域でなくても、危険と思ったら明るいうちに念のために避難する。

●交通機関の計画運休や道路情報などを確認する。

●気象庁サイトなどから出される台風の動きと、注意報・警報の有無を確認しておく。

●避難する時、余裕があれば隣人に声をかけ、一緒に避難する。

【台風接近・または近くに上陸（ゼロアワー）】

●テレビやラジオを点けっぱなしにして、台風情報、防災情報などに注意する。

●停電・断水に備え、水・食料、懐中電灯、充電器、ラジオを手元に置く。

●雨戸、カーテンを閉め、窓から離れ、安全な場所で家族一緒に過ごす。
●危険区域の居宅で避難が困難であれば、斜面から離れた2階の安全な部屋に退避する。
●浸水や土砂災害が発生し助けが必要であれば、消防、警察に早めに救助を要請する。

【台風通過後（アフター・ディザスター）】
●台風通過後に洪水、土砂災害が起きる危険性があるので、警戒を怠らない。
●隣人に声をかけ、安否を確認するなど助け合う。
●事業者サイトなどでインフラの復旧状況を確認する。
●いったん避難したら、安全が確認できるまで帰宅しない。
●吹き返しの風に注意し、自宅の損傷などを確認し、損傷個所は写真に撮る。
●損傷個所はブルーシートを張るなど応急措置を講じる。
●高所作業はヘルメット、安全帯を着ける（一人で行わず複数で行う）。

地域特性や家族構成に合わせた自前のマイ・タイムラインがあると安心できる。そして台風が通過してもそれで終わりではない。通過後の吹き返しの風に注意しつつ、身の安全が確保できたら、隣人の安否確認を行う。もし助けが必要な人がいたら、周囲と協力して手助けをする。手に負えないようだったら消防署、警察署に救助を要請する。その行動計画に必要となるブルーシート、ベニア板、養生テープ、針金、ロープ、工具など応急資機材の備蓄も事前に行っておくことが大切。

最近は家庭（住民）に対しても自治体がマイ・タイムライン（個人用防災行動計画作成を奨励するようになっている（⑰図）。例えば東京都は、防災ホームページで「東京マイ・タイムラインは、台風、長引く大雨、急な豪雨からみなさんの命を守るツールです。

もっと安全、もっと安心に、東京マイ・タイムラインを利用してマイ・タイムラインを作成し風水害に備えましょう」と呼びかけている。そしてパソコンやスマホでマイ・タイムラインの作成例が閲覧できるようになっている。

**⑰図　マイ・タイムラインのつくり方**　　出典：東京都ホームページ

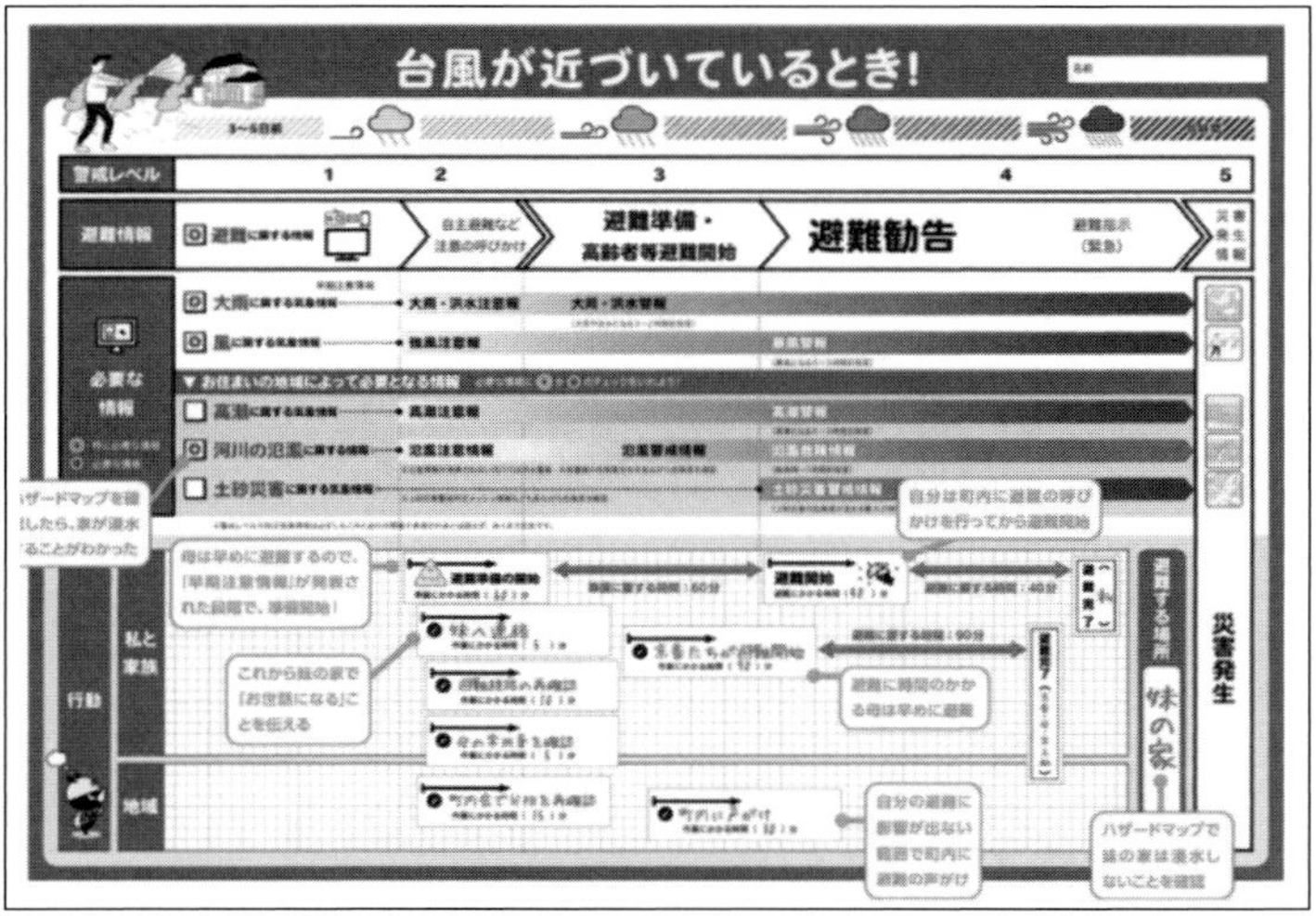

防災ひと口メモ 06

## 失ったら取り返せないもの

飛行中にトラブルが発生すると、酸素マスクやライフジャケットを着けるよう指示される。もしその時、隣に小さな子供がいたら、大人から先に着けるか？ それとも子供から先に着けるか？

「大人から先に着ける」が正解。これは飛行機のシートポケットに入っている「安全のしおり」に書いてある。ライフジャケットは大人が先に着け、そして子供につける。酸素マスクも、大人が着けてから子供に着けることになっている。

これは世界の航空会社における緊急時の優先順位である。大人が意識不明になったら、もう子供を守れなくなってしまうからである。緊急時だからこそ、優先順位を間違えると共倒れになる危険性がある。自分が守れなければ大切な人も守れない。

防災・危機管理だからといって、すべてを完璧に守ることはできない。大切なのは対策と行動の優先順位である。究極の優先順位は「結果の重大性」で判断する。結果の重大性とは、失ったら取り返しがつかないものを最優先するということ。失って取り返せないものの筆頭は「命」と「時間」である。

命が大切なのはすぐに理解するが、併せて重要なのは時間(タイミング)。今逃げなければ、今準備しなければ、そのタイミングを失したら命にかかわることになる。例えば、避難指示が出て避難するとき、貯金通帳やお金も大切だが「持ち出すものは命だけ」を合言葉に直ちに高台に避難すべきである。

# 第四章

# 強風・突風・竜巻に備える

# 1　風速と最大瞬間風速

## 1）危険半円と可航半円

**台風は巨大な空気の渦巻で、地上付近では上から見て反時計回りに強い風が吹き込んでいる。そのため、進行方向に向かって右の半円では台風自身の風と、台風を移動させる風が同じ方向に吹くため強風となる。それを「危険半円」と呼ぶ。逆に左の半円では台風自身の風が逆になるので、右の半円と比べると風速は幾分小さめになる。それを「可航半円」と呼んでいる。**

ただ誤解を招くといけないので念のために付け加える。この「危険半円」、「可航半円」という言葉は帆船時代にできた言葉である。帆船は動力が風なので台風の中心から脱出する時の、船乗りの経験則から、向かい風となる進行方向右側が「危険」、追い風となる左側の方が航行可能を意味する「可航」とされた。船が台風に呑み込まれたら危険であっても可航半円に入り、その追い風を利用して脱出せよという意味である。

だから可航半円は「航海できるほど安全な場所」という意味ではない。可航半円でも台風の中心付近では強い風が吹くので極めて危険。時には「２０１７年台風21号」のように左側の方が右側より強い風が吹く例外台風もあるので注意が必要である（⑱図）。

台風の中心（気圧の最も低いところ）を「台風の眼」と呼ぶ。眼の中は比較的穏やかな領域である。しかし、台風の眼の周辺は最も風雨の強い領域であるから、眼が通り過ぎる時には猛烈な暴風雨になる。台風が接近してくる場合、進路によって風向きの変化が異なる。

**ある地点の西側や北側を台風の中心が通過する場合、その地点では「東→南→西」と、時計回りに風向きが変化するが、逆にある地点の東側や南側を台風の中心が通過する場合は「東→北→西」と、反時計回りに風向きが変化する。**周りに山や建物などがある場合は必ずしも明確に風向きが変化するとは限らないが、風向きの変化を踏まえての避難行動や台風に備える際の参考にすることもできる。

もし、ある地点の真上を台風の中心が通過する場合は、台風が接近しても風向きはほと

**⑱図　台風の進行方向と風向き**

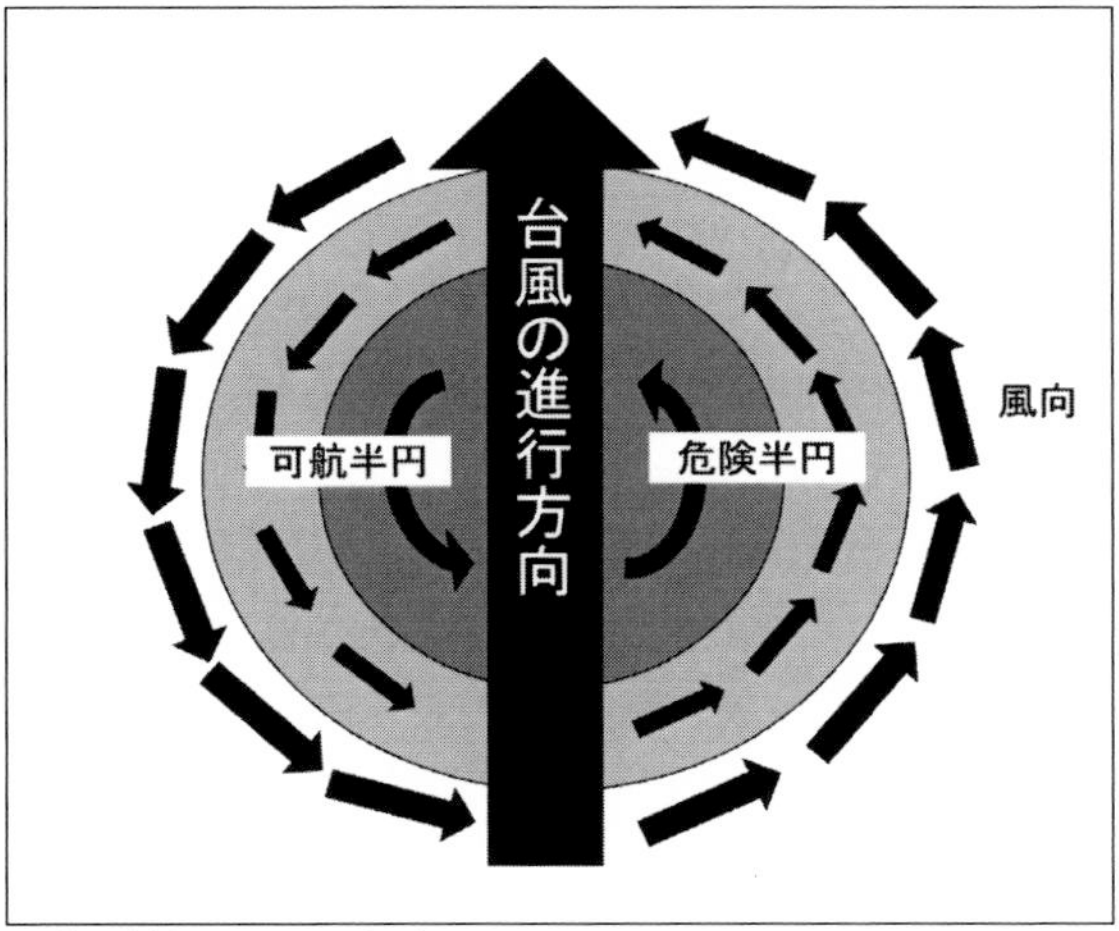


出典：防災システム研究所

んど変わらないまま風が強くなり、台風の眼に入ると風は急に弱まる。時には青空が見えることもある。しかし、**台風の眼が通過した後は、反対の風向きで強い風が吹き返す。台風の眼に入った場合の平穏は、あくまで「束の間の平穏」であって決して台風が収束したり過ぎ去った証ではない。**

台風の風は陸上の地形の影響を大きく受ける。入り江や海峡、岬、谷筋、山頂、尾根などでは風が強く吹く。また、建物があるとビル風と呼ばれる強風や乱流が発生する。道路上では橋の上やトンネルの出入り口で強風に煽られるなど、局地的に風が強くなることがある。

**台風が接近すると、沖縄、九州、関東から四国の太平洋沿岸では雷や竜巻が発生することがある。また、台風の眼が日本海を進んだ場合には、台風に向かって南寄りの風が山を越え、気温が上昇し乾燥した風が日本海側に吹き降りるフェーン現象が発生する**ことがある。乾燥した強い風のため、大火になりやすい。台風の進路によって強風大火に注意する必要がある。

## 2) 最大風速と最大瞬間風速

**風速とは、風となって空気が移動する速さである。**一般的な風速の単位はメートル／秒（m／s　1秒当たりに進む距離［メートル］）で表すが、国際的にはノット（kt）が用いられている。1ノットは約0・514メートル／秒で、風速を測定するには風速計が使われる。

**日本で「風速」という場合、地上約10メートルの高さにおける10分間の平均風速をいう。そして0・25秒ごとに更新される3秒データ・12サンプルの平均値を瞬間風速と呼んでいる。また、平均風速の最大値が「最大風速」、瞬間風速の最大値を「最大瞬間風速」という（瞬間最大風速は誤り）。**

ただ、都市部では高層建築物などの影響もあるので、必ずしも地上10メートルの高さに風速計を設置することができないこともあって、地上から数十メートルの高さに設置されることも多い（**防災ひとロメモ⑦**）。

風速を計りたくても風速計がない場合は、気象庁風力階級またはビューフォート風力階級などを基に、地物《ちぶつ》または海面の状況から判断した風力により風速を推定する。ビューフォート風力階級とは、イギリスの海軍提督フランシス・ビューフォート（１７７４～１８５７年）が、１８０６年に提唱した風力階級のことである。

風力を０～12までの13階級で表し、それに対応した海上の様相（波やうねりなど）についての表を作成した。その後、客観的な風速と風力階級とも対応づけられるようになった。この風力階級表は、１９６４（昭和39）年に世界気象機関の風力の標準的な表現法として採択され、現在ビューフォート風力階級と言えば、通常は世界気象機関で採択されたものを言い、日本の気象庁もこれを採用している。

### 3) 風の強さとビル風

**熱帯低気圧で、中心付近の最大風速が17・2メートル/秒（34ノット）以上になると、呼び名が台風に変わる。**そして中心付近の風速によって台風の強さが区分される（⑲図）。32・7メートル/秒以上になると「強い台風」、43・8メートル/秒以上で「非常に強い台風」、54・1メートル/秒以上になると「猛烈な台風」と呼ばれる。そして、衰えて中心付近の最大風速が17・2メートル/秒以下になると、台風ではなくなり温帯低気圧又は熱帯低気圧になる。

台風とは別に、風速別に人への影響、屋外・樹木の様子、走行中の車、構造物の影響などが知りたい場合は、気象庁の「風の強さと吹き方」を見ると目安が分かる。予報用語の「強い風」

**⑲図　風力（風速）と台風の風による区分**

| 風力 | 地上10mの風速（以上） | 台風の区分（最大風速） |
|---|---|---|
| 3 | 3. 4m/s(7ノット) | |
| 4 | 5. 5m/s(11ノット) | |
| 5 | 8. 0m/s(17ノット) | |
| 6 | 10. 8m/s(22ノット) | |
| 7 | 13. 9m/s(28ノット) | |
| 8 | 17. 2m/s(34ノット) | 台風 |
| 9 | 20. 8m/s(41ノット) | |
| 10 | 24. 5m/s(48ノット) | |
| 1 1 | 28. 5m/s(56ノット | |
| 12 | 32. 7m/s(64ノット) | 強い台風 |
| | 43. 8m/s(85ノット) | 非常に強い台風 |
| | 54. 1m/s(105ノット) | 猛烈な台風 |

出典：気象庁

（15メートル／秒以上）になると、風に向かって歩けなくなり、転倒する人も出るし、高所作業は極めて危険になる。「非常に強い風」（20メートル／秒以上）だと、何かにつかまっていないと立っていられないし、飛来物によって負傷するおそれがある。また通常の速度で車を運転するのが困難になってしまう。さらに、「猛烈な風」（30メートル／秒以上）になると、屋外での行動は極めて危険。多くの樹木が倒れる、電柱や街灯で倒れるものがあり、ブロック塀で倒壊するものもある。走行中のトラックが横転するような強風である。気象情報や市区町村が出す避難情報に注意し、安全な行動をとれるようにすることが肝要である。

**規模の大きな建築物の周辺の狭い範囲で発生する風がビル風である。**ビル風は建物の高さ・形状・配置や周辺の状況によって非常に複雑な風の動きをする。例えば「剥離流《はくりりゅう》」というビル風は、建物にあたった風が壁面に沿って流れて行くが、建物の隅角《ぐうかく》部まで来ると、それ以上壁面がなくなり建物から剥がれ、その周辺よりも速い流速を持った風である。

**「吹き降ろし」と言われるのは、建物の上部にぶつかった風が、建物の高さの60～70パーセント付近（分岐点）で上下、左右に分かれる。左右に分かれた風が、建物の側面を上方から下方に斜めに向かう速い流れとなる。これが吹き降ろしである。**この現象は建物が高層であるほど顕著であり、それだけ上空の速い風を地上に引きずり降ろすことになる。そうした高層建物の足元付近では、吹き降ろしと剥離流が合流してさらに速い（強い）風が吹くこともある。これは高層マンションなどでも起きるので充分注意が必要である。

**市街地では「街路風《がいろふう》」に注意が必要。風は抵抗の少ない街路に沿って吹こうとする。家並みや建物が規則正しく整然と配置されていればいるほど、その間の道路が広ければ広いほど風は街路に沿って吹き抜けやすくなる。**このため、高層建物からの剥離流や吹き降ろしも下に降りると街路に沿って吹くことになる。このような性質を持つ風は一般的に街路風とか道路風と呼ばれていて、その近くではさほど風が強くないのに、高層建物やビルの谷間で時折猛烈な風が吹く場合がある。

# 2 強風・突風災害に備える知識と知恵

## 1）飛ばされると凶器になる屋根瓦

**日本の台風被害でもっとも多く発生し脅威となるのは屋根瓦が吹き飛ぶことである。**自宅や他の建造物を破壊するだけでなく、人的被害にもつながる。瓦は飛鳥《あすか》時代（５９２〜７１０年）に中国や朝鮮半島から寺社仏閣の建築技術とともに伝来した。現在は陶器製の本瓦《ほんかわら》（平《ひら》・丸瓦を組み合わせたもの）を用いた本瓦葺《ぶ》きが主流である。伝来前に日本で多用されていた檜皮葺《ひわだぶ》きや茅葺《かやぶ》きの屋根と比較し、瓦は耐水性、耐火性、耐久性に優れ、雨の多い風土に適していたことで広く使われるようなった。

近年、一般住宅で使われている瓦屋根は引掛桟瓦《ひっかけさんがわら》が多い。これは明治時代に考案されたもの。屋根の野地板を支えるために棟木《むなぎ》から軒桁《のきけた》にかけて等間隔で渡される広小舞《ひろこまい》に野地板を置いてアスファルト・ルーフィング（防水材）を張る。その上にほぼ等間隔に細い小材（瓦桟）を瓦のサイズに合わせて平行に打ち付け、瓦を葺いていく。

軒《のき》や螻羽《けらば》（切妻《きりづま》や片流れ屋根の外壁から斜めに出ている部分）の瓦にはそれぞれ2枚通り以上1枚ごとに銅線や銅釘で野地板に固定される。棟には棟木に打ち付けた銅線を引っ張り出しておき、下からのし瓦、冠瓦《かんむり》を順番に載せていき、予め出しておいた銅線で固定する。のし瓦と平瓦が接する部分は隙間があるため、そこを面戸《めんど》瓦や漆喰《しっくい》などで塞ぐ。

**昔の瓦は土葺きとか土置き瓦と呼ばれ、土の上に瓦を載せ一部を銅線や瓦釘などで止める構造で、古くなると銅線や釘が劣化し強風で飛ぶことが多かったが、最近は防災瓦に葺き替える家もある。**防災瓦とは、台風や地震などに強いと言われている瓦のこと。瓦同士が噛み合って、1枚1枚を釘やビスで固定するためズレや強風にも強いとされている。

それでも絶対ではない。屋根ごと飛ばされる場合もあるし、他からの飛来物で損傷を受ける可能性もあるからである。**一般的な和瓦は、風速25〜30メートル／秒で浮き上がり、場合によっては飛び始める。防災瓦の耐風性能は約46メートル／秒とも言われている。**

台風銀座と呼ばれる沖縄。その**沖縄の屋根には古くから琉球赤瓦（琉球赤煉瓦）が使用されている。**釉薬を塗って高温で時間をかけて焼かれる本土の本瓦と違い、琉球赤瓦は低温焼成の素焼きのため吸水性が高く、台風の雨で重くなり強風でも飛ばされにくい。

その上、工程が単純なので消費する燃料費も少なく短時間・低コストで生産できる。琉球赤瓦はグスク時代（12世紀後半ごろ）から使われていた。当初は現在のような赤瓦ではなく、「高麗《こうらい》系瓦」と「大和系瓦」の2種類で色は灰色系だった。18世紀前半には赤色が生産され始め、それが次第に主流となっていく。

当時、瓦の使用は厳しく制限されていて、首里《しゅり》の士族や那覇《なは》以外には認められておらず、一般庶民が瓦を自由に使えるようになったのは1889（明治22）年の禁止令解除以降である。

伝統的な琉球赤瓦には、本土の平瓦に相当する女瓦（ミーガーラ）と丸瓦に相当する男瓦（ウーガーラ）の2種類ある。まず屋根に床板を張り、軒先から大棟に向かって女瓦を垂直に葺く。女瓦を重ねながら2列葺くと間に隙間ができるので、その左右の継ぎ目を覆うように男瓦を被せる。瓦同士の隙間は漆喰で塗り固める。

これにより赤瓦を用いた屋根は、瓦の赤と漆喰の白で紅白のコントラストが鮮やかな外観となる。一般で使用されるようになってから素焼きでつくられたシーサーが屋根に魔除けとして置かれるようになった。現在、沖縄赤瓦は沖縄県島尻《しまじり》郡与那原《よなばる》町を中心に生産されており、2009（平成21）年2月に特許庁から地域団体商標として登録されている。

琉球赤瓦は吸水性、通気性が高く、屋根の木材構造を湿気から守り、沖縄の強烈な日差しから建物の温度上昇を防ぐ役割もある。紺碧の青い空と海、赤白の琉球赤瓦、見た目だけでなく沖縄の厳しい風土から生まれた先人の知恵であり防災文化（美学）でもある。

## 2) 耐風等級と基準風速

2000（平成12）年4月に施行された**「住宅の品質確保の促進等に関する法律（「品確法」）」に基づく住宅性能表示制度では、風に対する建物の強さを表す指標を「耐風等級」で示している。等級は2段階で、等級1は建築基準法（伊勢湾台風レベル）を満たしたもの。そして等級2は500年に1度発生する暴風（等級1）の1・2倍の風力に対しても倒壊、崩壊しないことと定めている。**

**【耐風等級（構造躯体の倒壊等防止及び損傷防止）】**

**●等級1　極めて稀に（500年に1度程度発生する暴風による力に対して、倒壊、崩壊等**

**せず、稀に（50年に1度程度）発生する暴風の力に対して損傷を生じない程度。**

**●等級2　極めて稀に（500年に1度程度）発生する暴風による力の1・2倍の力に対して倒壊、崩壊等せず、稀に（50年に1度程度）発生する暴風による力の1・2倍の力に対して損傷を生じない程度。**

ここで言う500年に1度程度発生する暴風とはどのくらいの風速かというと、建物の高さや形状、地域によって異なるので一概には言えないが、例えば、東京郊外の住宅地を想定した場合、高さ10メートルの位置で平均風速が約35メートル／秒、最大瞬間風速50メートル／秒の風に相当するとしている。

これは、死者・行方不明者5098人という甚大な被害を出した「1959年台風第15号」（伊勢湾台風）の時に名古屋気象台で記録された暴風に相当する。この耐風等級は、暴風に対する構造躯体を基準にしている。構造躯体とは建築基準法施行令第1条3号に規定する構造耐力上主要な部分のことで「基礎、基礎ぐい、壁、柱、斜材（筋かい、方づえ、火打材その他これらに類するものをいう）、床版、屋根板又は増架材（梁、けたその他これらに類するものをいう）で、建築物の自重《じじゅう》若《も》しくは積載荷重、積雪荷重、風圧、土圧若しくは水圧又は地震その他振動若しくは衝撃を支えるものを言う」となっている。

そして、**耐風等級1といっても、全国が一律に同じ風速に耐えているわけではない。**それぞ

**⑳図　令和元年房総半島台風（強風で損壊した瓦）**

突風で飛ばされると瓦は凶器になりうる。近年では、固着力の強い防災瓦に吹き替えるケースも増えている　千葉県南房総市／撮影：筆者

**㉑図　令和元年房総半島台風（15号）／なぎ倒された電柱**

風の威力はすさまじい。時に電柱さえもなぎ倒してしまうことがあり、被害を拡大させる　千葉県館山市／撮影：筆者

れの地方における過去の台風の記録に基づく風害の程度、およびその他の風の性状に応じて国土交通大臣が30〜46メートル／秒の範囲で定めた「地域別風速」（基準風速とも言う）が基準なので、地方ごとに建物の耐風力が異なるのである。例えば東京都の場合、八丈《はちじょう》町、青ヶ島村、小笠原村の基準風速は42メートル／秒。23区、武蔵野市、三鷹市、府中市、調布市、町田市、小金井市、小平市、国分寺市、国立《くにたち》市、田無《たなし》市、保谷《ほうや》市、狛江《こまえ》市、清瀬市、東久留米市、多摩市、稲城市は34メートル／秒。八王子市、立川市、昭島《あきしま》市、日野市、東村山市、羽村《はむら》市、あきる野市、瑞穂町の基準風速は32メートル／秒となっている。沖縄県や鹿児島県の名瀬《なぜ》市、十島《としま》村、大島郡の基準風速は46メートル／秒である。**つまり、暴風の観測記録によって、その地方の建物に要求される耐風力が違ってくる。**では、過去に強風が吹いた地域を挙げてみる。

### 3) 最大瞬間風速ベストテン

台風は例年ほぼ同じルートを進むのが通例であった。また、台風により記録的な強風が吹く地域も限られていた。しかし、これからは台風の進路や暴風になる地域もこれまでなかったところが襲われる可能性がある。**今まで強風被害が少なった地域は、過去の強風災害を学ぶ必要がある（防災ひと口メモ⑧）。**

ちなみに最大瞬間風速第２位の１９６６（昭和41）年に85・３メートル／秒という最大瞬間

風速が観測された時の台風18号は、第2宮古島台風と名付けられた。現在観測を実施している地点としては、今も日本の観測史上第1位の記録である。最大風速も65メートル／秒で日本の観測史上第7位の記録である。第3位の84・5メートル／秒を記録した「1961年台風18号」は、第2室戸台風と命名された台風である。すべてに記録的な台風だった。9月8日にマーシャル諸島東部で台風となり中心気圧は990ヘクトパスカルだったが、西進につれ次第に発達し10日3時には935ヘクトパスカルとなった。9月12日には米国海軍による飛行観測が行われ、中心気圧888ヘクトパスカル、最大風速94メートル／秒が観測された。当時気象庁が発表していた最大風速は75メートル／秒だった。15日に奄美大島を通過した後四国から本州に達することが確実となった。

9月16日、加速しながら北東に進み午前9時過ぎに室戸岬西方に上陸する。上陸時の中心気圧925ヘクトパスカルと最大瞬間風速84・5メートル／秒は室戸岬測候所では記録的な数値だった。最大瞬間風速は実はもっと大きかった可能性がある。なぜならば室戸岬測候所の風速計が振り切れ、それ以上測定不能（スケールアウト）となったからである。

その後も勢力は衰えず、加速しながら午後1時過ぎに兵庫県尼崎市と西宮市の間に再上陸。その後、日本海沿岸を通過し9月18日にオホーツク海で温帯低気圧となった。この台風により死者・行方不明208人、負傷者4972人という人的被害を出すことになる。建物被害も全半壊6１９０１棟、床上床下浸水３８４１２０棟の甚大被害となった。

この台風は上陸後の進路が１９３４（昭和９）年9月21日に室戸岬に上陸した室戸台風（死者・行方不明３０３６人）と酷似していたため「第2室戸台風」と命名された。室戸台風の上陸時の９１１・２ヘクトパスカルに対して第２室戸台風は９２５ヘクトパスカルだったが、風速は室戸台風を大きく上回っていた。特に暴風域の大きさは伊勢湾台風に並ぶ勢力で、１９５１（昭和26）年以降に上陸した台風としては最強勢力といわれている。この台風の2年前に来襲した伊勢湾台風（死者・行方不明５０９８人）の教訓が生かされた災害対策が進められていたため、規模や勢力や家屋の被害棟数の割に犠牲者数が少なく抑えられた。とくに伊勢湾台風では高潮による犠牲者が多かったが、第２室戸台風では高潮による犠牲者は少なかった。

## 4）窓ガラスが破られると、天井が吹き飛ぶ

**暴風の破壊力はすさまじい。**最大瞬間風速ランキングを見てわかるように、富士山頂の記録を除き、上位は沖縄、九州、四国など西日本へ接近・上陸した台風によって強風被害が出ている。しかし最近は、そうした常襲地域だけでなく、関東や東北など東日本に直接上陸する台風も増えてきたし、台風の動線や勢力が急速に変化してきている。「２０１９年房総半島台風」（15号）では、東京都・神津島で最大瞬間風速58・１メートル／秒、千葉県・千葉市で57・５メートル

／秒が観測されるなど東日本でも記録的な強風を観測している。

その時の東京湾や房総半島周辺の海面水温が27～29℃と高かったため、勢力を保ったまま上陸したと言われる。今後は西日本だけでなく、全国どこでも大雨への警戒と共に強風・突風対策も強化しなければならない。

**風は物に当たった時、風速から圧力に変わって「風圧力」になる。建物外部に使用されている窓ガラスにも風圧力が作用する。**台風時を想定した風圧係数を0・56とすると、風速と風圧力の関係は、W（風圧力）＝0・56（風圧係数）×V２乗（瞬間風速）となる。地域によって異なるが、通常、建物のガラスは、その地域で想定される風圧力に破壊されないように設計されている。この風圧力を設計風圧力と言う。

**㉒図　ガラスは割れると凶器になる**

阪神・淡路大震災／撮影：筆者

従って、強度計算の際に用いる設計風圧力Ｗ（Ｎ／㎡）を瞬間風速Ｖ（ｍ／Ｓ）に換算すれば、ガラスがどれほどの風速に耐えるように設計されているかがわかる。例えば、東京23区にある２階建て住宅（建物の高さ７メートル）の２階の窓（地上高さ６メートル）の設計風圧力は１２９０Ｎ／㎡であるから、瞬間風速Ｖ＝√設計風圧力Ｗ１２９０／０・56×Ｃとなり、この場合Ｃ＝１・０として、瞬間風速Ｖは48・０メートル／秒。つまり、一般的な**東京の２階の窓ガラスは計算上、瞬間風速48・0メートル／秒に耐えられるように設計されていることになる。風の強い沖縄県などは設計圧力が東京よりも大きいのでもっと大きな瞬間風速にも耐えられる強度設計となっている。**

しかし、飛来物による衝撃は計算されていないので注意が必要である。**強風時、建物のウィークポイント（弱点）はガラスである。ガラスは文明の象徴であり、室内に光を取り込む重要建材である。しかし、地震や台風で破損すると人を襲う凶器にもなる**（㉒図）。

建物に使用されるガラスには様々な種類がある。強化ガラス、網入りガラス、板ガラス、複層ガラス、合わせガラスなど。強化ガラスは板ガラスを軟化温度付近まで加熱した後、ガラス表面に空気を吹き付け冷却して作る。それにより、同じ厚さの板ガラスの約３・５倍の耐風圧強度となる。強化ガラスは強度が高く一定の風圧力にも耐えるし、万一破損しても破片が細かく粒状になるなど安全性の高いガラスである。だが絶対ではない。例えば、強風による外部からの尖った飛来物で一点に強い力が加わった場合、強化ガラスでも割れることがある。

網入りガラスの主目的は防火にあり、建築基準法の「防火設備」の一つになっている。防火設備としてのガラスは、層の構造が遮炎性能（通常の火災時における火炎を有効に遮るために防火設備に必要とされる性能）で、政令で定める技術的基準に適合するもの。「火災による熱が加わった時、加熱開始から20分間は当該加熱面以外の面に火炎を出さないもの」とされている。通常の板ガラスでなく網入りガラスを設置しなければならないのは、都市計画で定められた防火地域、準防火地域にある全ての建築物が対象である。このように**網入りガラスは防火地域などで多く使われている。それでも一定の熱には強いが絶対ではない。強化ガラスと同じように飛来物などの衝撃で割れて飛散する場合もあるからだ。**

### 5) 防災ガラス

合わせガラスは基本的に「単板ガラス・中空膜・単板ガラス」の3層によって構成されている特殊加工された窓ガラスである。この特殊な構造によって従来の窓ガラスにはなかった性能があるのが特徴。主な性能として「断熱」「結露防止」「遮熱」「防音」「防犯」などの効果がある。合わせガラスの中でも、中空膜の代わりにアルゴンガスを封入したもので真空ガラスとも呼ばれるものもあるが、中空膜が入っていない合わせガラスと同じで衝撃でガラスが飛散する場合がある。中空膜入り合わせガラスには頑丈なポリカーボネート板やポリビニルプチラールがガラスとガラスの間に入っている。**そのため合わせガラスは、ガラス破り防止（防犯）にもなるし、強風による飛来物の衝撃でガラスにひびが入っても突き抜け・飛散しにくいので台風や地震にも強く「防災ガラス」とも呼ばれる。**

しかし、すべての建築物が防災ガラスになっているわけではないので、強風対策として板ガラス、強化ガラス、網入りガラスにはガラス飛散防止フィルムを貼ることをお勧めする。**ガラス飛散防止フィルムを貼っておくと、ひびは入ってもガラスが飛び散らない効果がある。**ガラスが飛散するとけがをするだけでなく、窓に穴が開き暴風雨が吹き抜けることになる。**吹き込んだ強い風で反対側の壁や窓が壊されたり、時には天井ごと屋根が飛ばされたりもする。**さらに大量の雨が吹き込むと、ベッド、布団、畳、家具、電化製品まで水浸しになり、家に住めなくなって悲惨なことになる。

もし、**台風接近が迫っていてガラス飛散防止フィルムが貼ってなければ、応急対策としてガラスに養生テープを縦・横・斜めに貼付し、飛散を防ぐ方法もある。念のために言っておくが、これが絶対ではない。養生テープを貼ったとしても、ガラスの強度が上がるわけではなく、飛来物などの衝撃を受ければガラスは割れる。養生テープはその時に少しでもガラスの飛散を防ぐためのものである。**

繰り返すが、**窓ガラスには強風などの風圧力に対し一定の設計強度がある。しかし、傘、樹木、小石、損壊した家屋の残骸、瓦の破片などの飛来物によってガラスが割れる可能性がある。**そのため平時のうちに中空膜の入った防災ガラスにしておくか、ガラス飛散防止フィルムを貼っておきたい。そして台風が接近してきたら、雨戸やシャッターを閉め、厚手のカーテンを引き、窓から離れることである。

# 3 フェーン現象と強風大火に備える

## 1) フェーン現象とは？

**台風が引き起こす現象は大雨、強風、高潮、土砂災害だけではない。通過時に発生するフェーン現象と強風大火にも警戒が必要である。**

過去にもフェーン現象による強風大火が繰り返し発生している。5000棟以上の家屋が焼失した「鳥取大火」（1952［昭和27］年）、市街地の8割（3298棟）が焼けた「岩内《いわない》大火」（1954年洞爺丸台風）、そのほかにも、「新潟大火」（1955年台風22号）、「大館《おおだて》大火」

（1956年台風9号）、「魚津《うおづ》大火」（1956年台風12号）。「酒田《さかた》大火」（1976年）、糸魚《いとい》川《がわ》大火（2016［平成28］年）などはフェーン現象による強風大火である。

注目すべきは、その多くが日本海側の都市で発生していることで、**台風や低気圧が日本海にある時に日本海側でフェーン現象が発生し、強風大火が起きやすい。**

**フェーン現象とは、湿った空気が山を越えて吹き降りる時、風下側で気温が上がって乾燥する現象である。**フェーンとは、もともとはスイスやオーストリアの谷筋に吹く高温で乾燥した風の名称であったが、今では場所にかかわらずこの種の風をフェーンと呼んでいる。

フェーン現象によって、気温、湿度、風が劇的に変化するために起きる病気をフェーン病（気象病とも言われる）という。気分が落ち着かず、イライラして、欲求不満や憂うつを訴え、集中力がなくなるといった症状を呈する。アメリカのロッキー山脈の東側ではチヌークと呼ばれている。アメリカの西海岸・カリフォルニア州で頻発する大規模森林火災の原因は地元で「サンタアナ・ウインド」や「ディアブロ・ウインド」と呼ばれる局地風で、これもフェーン現象によるといわれている。

**フェーン現象はなぜ起きるのか。山に空気が吹き上がる時は100メートルにつき約0・5度の割合で気温が下がる。湿潤な空気が冷やされると、含まれている水蒸気を雨として降らせる。水蒸気を失って乾燥した空気が山を越えて山の反対側を下る時、今度は100メートルに**

**つき約1度の割合で気温を上昇させながら吹き下り、乾燥した高温の強風が風下側を襲う。これがフェーン現象である。**

２０１６（平成28）年に発生した糸魚川大火の現場を取材した時、フェーン現象のことを地元の局地風の名前で「姫川《ひめかわ》だし」「焼山《やけやま》おろし」が吹いたと住民たちが恐ろしげに話していた。その時の気象状況を見ると、太平洋高気圧から日本海低気圧に向かって強い南風が吹いていた。その風が新潟県糸魚川市の背後にある２０００メートル級のアルプスを越える時、約５度前後の乾燥した風になり、日本海に向かって吹き下ろす。吹き降りるに従って気温が上がり、糸魚川駅前のラーメン店から出火した時、冬（12月）なのに20℃を超え、最大瞬間風速は27・２メートルを記録（糸魚川消防署）している。

日本の典型的なフェーン現象は、発達した低気圧や台風が日本海を進む時に、太平洋側から日本の背骨にあたる脊梁《せきりょう》山脈《さんみゃく》を越えた南寄りの風が日本海側に吹き降りる際に起きる。この時、風下側に異常乾燥と異常高温をもたらし、強風大火、雪解け洪水、雪崩などを引き起こす。

### 2) 魚津市の強風大火

**強風時の火災ほど恐ろしいものはない。**１９５６（昭和31）年９月３日に発生した台風12号は、その後ゆっくりと南西方向に進んだ後、進路を変え、９月８日に沖縄に最接近。沖縄気象

魚津大火は台風がもたらしたフェーン現象によって被害が拡大した。台風の被害は暴風雨に留まらないことを肝に銘じておきたい　写真提供：魚津市

糸魚川大火もフェーン現象によって瞬く間に延焼した。10 時間の間に 140 軒もの家屋が焼失、平成時代でも有数の大火となった　写真提供：Peppy

台（那覇市）での最大瞬間風速1位となる73・6メートル／秒を観測。猛烈な風により全壊家屋５３１８棟、浸水家屋４８００棟、死者39人という、沖縄では戦後最大の被害となった。

その後、九州に接近。長崎港・有明《ありあけ》海で高潮を引き起こしながら対馬海峡から日本海に進んだ。９月10日になるとその影響で、遠く離れた静岡市に大雨を降らせ、最大瞬間風速40メートル／秒の竜巻が発生、死者20人、重軽傷者44人、全半壊家屋78棟、破損家屋２９４棟、電柱21本を倒した。竜巻は本庄《ほんじょう》町（現・本庄市）や豊川《とよかわ》市でも発生している。台風は日本海を北上し9月11日にオホーツク海で熱帯低気圧になるまで猛威を振るった。しかし、この台風による影響と被害はそれだけで済まなかった。日本海を進んでいくとき猛烈に大きな渦となり、そのため太平洋側からの南よりの強風が日本海側に吹きつけた。

9月10日、台風第12号が日本海を北上し、富山県沖を通過した後の19時45分、富山湾の海岸から数百メートルに位置する富山県魚津市真成寺《しんじょうじ》町の納屋から出火、折からの台風の影響によるフェーン現象が起きていて、気温は28〜30度と高く、乾燥した25メートル／秒を超える強風が吹いていた。20時ごろ消防車が到着した時には隣接する大劇映画館（富山グランド劇場）にも延焼していた。

**強風下で火の勢いが強く、手がつけられない状態になっていた。当時魚津市の市街地は木造建物が密集しており、さらに道幅が狭く思うように消火活動がはかどらなかった。強風により**

**火の粉が舞い上がり、火のついた木片などが風に乗り、離れた地域へも飛び火し延焼していった。**たちまち神明商店街（現在の中央通り商店街）、金屋町、村木町、新金屋町、下村木町、沖田区などに燃え広がった。当時、魚津市内には157基の消火栓があり、焼失区域内にも58基あったが延焼速度が速く、消火中の消防隊も避難せざるを得ない状況に追い込まれた。

その際、消火栓を開けっ放しにしたため水圧が下がり、その後の消火活動に影響を及ぼしたと言われる。富山県は災害救助法を発動し、周辺市町村から消防車100台が駆けつけ、金沢に駐屯していた自衛隊も出動し、翌11日の午前2時10分ごろに鎮火させた。

魚津市史によると、この火災による焼失家屋は1583棟、罹災者7219人、死者5人、負傷者170人（うち重傷者5人）、焼失面積は15万坪、損害は76億8千万円の甚大被害となった。出火原因は放火、火の不始末、自然発火など諸説あり、いまだに原因不明である。

大火後、魚津市は国、県などの支援を受け火災復興計画を立て、都市の不燃化を目指した。中央通り商店街、真成寺商店街（魚津銀座）など鉄筋コンクリートの近代的商店が立ち並ぶようになった。市街地の道路も拡幅され幹線道路整備により、魚津市は近代的都市に生まれ変わった。いずれにしても、台風の接近・通過前後には強風大火への警戒を怠ってはならない。強風の時は火の元注意だけでなく、できるだけ火を使用しないなど、昔から伝わる防災・防火文化の継承・実践が必要である。

# 4 竜巻・突風に備える

## 1） 突風の種類

**突風とは、主に台風や前線に伴う発達した積乱雲から発生する一時的に強く吹く風のことを言う。その突風のひとつが竜巻である。**気象庁が発表する竜巻発生確度ナウキャストや竜巻注意情報では、激しい突風をイメージしやすい言葉として竜巻を使っているが、ダウンバーストやガストフロントに対する注意も含まれている。

**主な突風の種類に「竜巻」「ダウンバースト」「ガストフロント」がある（㉓図）。**ほかにも地表面付近で温められた空気が上昇することによって立ち上がる渦巻「じん旋風」もある。空き地や駐車場、校庭などで砂やほこりなどの細かい落ち葉やゴミなどの粉塵《ふんじん》が渦を巻いて激しく舞い上がることから、じん（塵）旋風と呼ばれている。

じん旋風はつむじ風や辻風とも呼ばれ、英語ではダストデビルと呼ばれている。これは竜巻とは根本的に異なる突風現象だが、２００９（平成21）年９月には大分県日田《ひた》市で発生したじん旋風で運動会のテントが飛ばされた事故もあったので、じん旋風といえども油断は禁物。太陽光などで地表面の温度が上がり、空気の対流または乱流が上昇気流と重なり、なんらかの原因で発生した回転が加わって強力な渦になるのがじん旋風である。竜巻とは異なる。

建物や樹木をなぎ倒す竜巻は、積乱雲に伴う強い上昇気流により引き起こされる激しい渦巻である。上空に積乱雲があり漏《ろう》斗《と》状または柱状の雲を伴っている。被害の起きる広さは幅数十〜数百メートル、長さ数キロの範囲に被害が集中するが、アメリカなどでは複数の竜巻が同時発生し幅数キロ〜数十キロに及ぶこともある。

**竜巻は積乱雲に向かって渦を巻いた風が周囲を巻き込んで吸い上げていく。家を破壊し樹木を倒しトタン板を上空に巻き上げるだけでなく、時には10トントラックや消防車まで**

**㉓図　突風の種類**

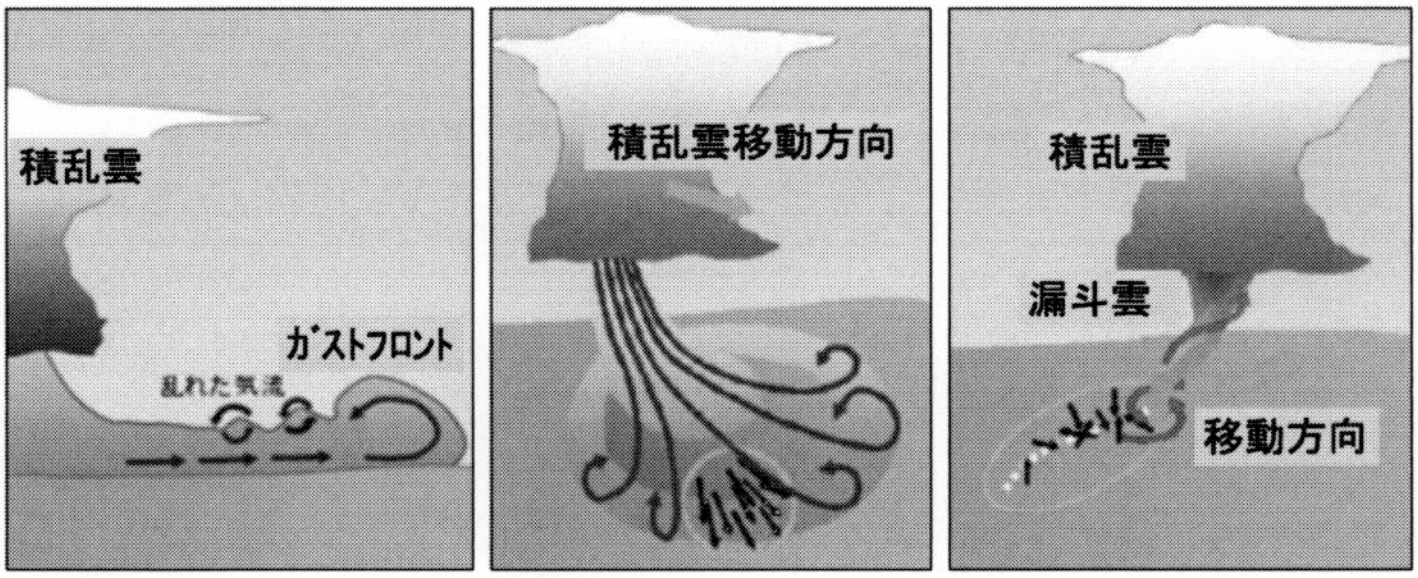


ガストフロント
積乱雲の下の冷たい（重い）空気の塊が、その重みにより温かい（軽い）空気の側に流れ出て発生。広がりは竜巻やダウンバーストより大きくなることもある。

ダウンバースト
積乱雲から吹き降ろす下降気流が地表に衝突し水平に吹き出す激しい空気の流れ。吹き出しの広がりは数百mから十km程度被害地域は円形あるいは楕円形など。

竜巻
積乱雲に伴う強い上昇気流による渦巻き。漏斗状または柱状の雲を伴う。被害域は、幅数十〜数百mで、長さ数kmの範囲に集中するが、数十kmに達したこともある。

気象庁データから作成

**吹き飛ばす。竜巻は上昇気流の渦巻だが、ダウンバーストは積乱雲から吹き降ろす下降気流である。下降気流が地表面に衝突し、地表に沿って水平に吹き出す激しい空気の流れのことを言う。**吹き出しの広がりや影響範囲は数百メートル～10キロ程度で、被害地域は円形あるいは楕円形など面的に広がるのが特徴。

気象学者の藤田哲也博士（1920～1998年）はシカゴ大学在籍中、1975（昭和50）年6月24日に発生した「イースタン航空66便着陸失敗事故」の調査を行った。この時の下降気流がそれまでの下降気流と異なるとしてダウンバースト・アウトバーストと名付けた。以来、下降気流で地表面に衝突し、四方に広がる突風が災害を起こすほど強いものをダウンバーストと呼ぶようになった。

**ダウンバーストは港湾や埠頭のコンテナやトラックを吹き倒すなど深刻な被害を与えることが多い。**とくに航空機には極めて危険で警戒すべき気象現象である。離着陸途中の航空機にとって、このダウンバーストは墜落に直結する危険な現象である。失速速度に近い速度に落とし、かつ不安定な機体姿勢での着陸時、強い下降流によって機体が地面に押されるためである。

また、ダウンバーストと同時に起きる現象としてウインドシアがある。ダウンバーストの中心から下降流が地面に吹き付けるが、この下降流が地面に跳ね返されて乱気流となりダウンバースト中心から放射状に風向が変わる。つまり低い高度で急激に風向が変わるのがウインドシアである。

例えば着陸進入時に滑走路手前でダウンバーストが発生していたとすると、最初はウインドシアの強い向かい風が吹くために機体が浮き上がる。これに対してエンジン出力を絞るなどしてパイロットは着陸進入を続けるが、ダウンバースト中心付近を通過すると機体が地面に向かって一挙に押された後で、今度は機体に対してウインドシアの強烈な追い風が吹く。このためエンジン出力を増して対気速度を上げる必要に迫られるが、民間機用のジェットエンジンはレシプロエンジン（ピストン式エンジン）と違い、パイロットの操作から出力上昇までに数秒のタイムラグがある。従って着陸時は元々失速速度に近く余裕が少ないために、あっという間に失速し、高度が低いため回復させる余裕もなく墜落することがある。幸いにも墜落には至らなくても、ほとんど墜落に近い、かなりの衝撃を伴ったハードランディングとなる。

**なお、ダウンバーストの下降気流の風速は、通常のものでも「強い台風」あるいはＦ１の竜巻並みの最大瞬間風速30メートル／秒程度が観測され、稀にこの倍以上の風速に達することもある。ダウンバーストは地上付近に吹き降ろした風が地面にぶつかって水平方向に広がるが、広がりの直径が４キロ未満のダウンバーストをマイクロバーストと呼び、４キロ以上をマクロバーストと呼んでいる。**普通、マクロバーストよりもマイクロバーストのほうが風速は速くて強い場合が多い。

## 2) 台風が離れていても、竜巻に注意せよ

台風の中心が離れているからとか、予想進路から外れているからといって、油断してはいけない。千キロ、数百キロ離れていても大雨、突風、竜巻が起きる可能性があるからである。竜巻などの突風は局地的かつ短時間に発生する現象のため、気象レーダーやアメダスの観測ではその実態や特徴を捉えることができない。それゆえ気象庁は、突風によるとみられる災害が発生した場合、その現象を解明するために気象庁機動調査班（JMA－MOT※）を派遣し現地で突風調査を実施する。その調査結果をもとに被害状況・規模や強さの推定などを確認してから「今回の突風はJEF2に匹敵する竜巻でした」などと発表するのである。

ちなみにJEFとは、日本版改良藤田スケールのことを言う。アメリカでは改良藤田スケールを単にEFで表す。改良藤田スケールとは、1971（昭和46）年にシカゴ大学の藤田哲也博士（1920～1998年）によって提唱されて以来、アメリカ合衆国内で長く使用されてきた従来の藤田スケールに代わり、2007（平成19）年2月1日より運用が始まった、アメリカで発生する竜巻の強さを表す新たな尺度である。藤田博士はミスター・トルネードと呼ばれるほど、竜巻研究の世界的権威であり、学界ではドクター・トルネード（竜巻博士）と尊敬を集めていた人である。



※ Japan Meteological Agency-Mobile Observation Team

ＥＦスケールは藤田スケールのＦ０からＦ５（Ｆ５が最強）同様ＥＦ０～ＥＦ５までの６段階でトルネードの強さが分類されている。このトルネードスケール検討委員会にはアメリカの研究者のみならず、世界中の気象学者や土木技術者が携わった。トルネードの風速と被害想定がより実際に近くなるよう変更が加えられた尺度である。日本では、気象庁がアメリカのＥＦスケールを参考に、日本の環境特性に合わせて藤田スケールを改良し、より正確に竜巻等突風の風速を推定することができる日本版改良藤田スケール（ＪＥＦスケール）を２０１５（平成27）年12月に策定し、２０１６（平成28）年４月から運用している。

**竜巻の強さは気象庁機動調査班の現地調査によって判別される。つまり、被害状況を人の目で見、住民などへの聞き取り調査で確認し、判定されてから正式に竜巻となる。だから気象庁は竜巻発生回数とは言わず、竜巻発生確認数と呼ぶ。**竜巻発生確認数が多い（２桁回数）自治体（１９９１～２０１７年）は左記の通り。

**【竜巻発生確認数ランキング（2桁回数自治体）】**

**1位　北海道　（47回）**
**2位　沖縄県　（43回）**
**3位　高知県　（34回）**

4位　宮崎県（27回）
5位　秋田県（25回）
6位　鹿児島県（24回）
7位　愛知県（17回）
8位　新潟県（16回）
9位　埼玉県（16回）
10位　千葉県（15回）
11位　三重県（14回）
11位　和歌山県（14回）
13位　石川県（13回）
13位　静岡県（13回）

日本ではあまり竜巻が起きないと思われがちだが、意外と多く発生している。日本の竜巻発生確認数は海上の竜巻を含めると年平均約55件（２００７～２０１７年、気象庁）に

**㉔図　2012年つくば竜巻**

日本国内でも竜巻の発生件数は決して少なくない。写真は千葉県沿岸の海上で発生した竜巻の被害　茨城県つくば市北条商店街／撮影：筆者

上る。海上を除いても23件となっている。最近、竜巻の発生確認回数が増えているように見えるが、それは単純に判断できない。

というのは、以前は竜巻が起きていても突風とされる場合も多かったが、最近はSNSの普及による動画情報が多く寄せられるようになったこと、また機動調査班の積極的現地調査もあって、以前との増減は単純に比較できないからである。ただ、都道府県別の竜巻発生確認数は、北海道、沖縄県、高知県、宮崎県、秋田県、鹿児島県で発生確認数が多い。全体的傾向としては、東北地方の日本海側から北陸にかけて、本州と四国の南岸、九州及び沖縄県で発生確認数が多く、東北地方の太平洋側と瀬戸内海沿岸で少ない。竜巻は台風や前線によって大気が不安定になっている時に発生するケースが多い。

とくに**台風に伴う竜巻の多くは、台風の中心からかなり離れたアウターレインバンド（台風の渦の外側にある雲で、激しい雨を降らせたり突風を吹かせたりする雨雲エリア）や、さらに遠いところにある台風の影響下で発生した積乱雲によるものである。**台風が接近する前や通過後のアウターレインバンドには十分な注意が必要である。

例えば、２０１９（令和元）年10月の東日本台風（19号）のとき、台風はまだ遠く（約２００キロ以上）離れていたにもかかわらず、千葉県市原《いちはら》市で竜巻が発生し、死者１人、負傷者８人、全壊家屋12棟、半壊13棟、一部損壊54棟など大きな被害を出した。２階建て以上の建物は１階より上階に被害が多く、中には雨戸ごと窓が破られ、内側から屋根が持ち上げられ吹き飛ばされた家もある。竜巻の強さは日本版改良藤田スケール６段階の下から３番目にあたるＪＥＦ２（風速約55メートル／秒、３秒平均）とされている。市原市は台風の進行方向の北東（右側）にあたっていた。台風の進行方向右側（東側）は、台風の気流速度に移動速度が重なるため「危険半円」と呼ばれ、強風になりやすい。

同年９月22日午前８時30分には宮崎県延岡《のべおか》市でも延岡駅構内の鉄塔が倒れ、コンテナが飛ばされるほどの竜巻（ＪＥＦ１）が発生して、負傷者18人、住宅の損壊４８３棟の被害を出している。負傷者の内訳をみると、横転した車の運転者が腕を骨折したほか、多くが割れたガラスの切り傷と強風による転倒などであった。

この時も２０１９年台風17号が九州に接近中だった。台風が接近してくる時は、太平洋からの南風により水蒸気が大量に流入し積乱雲を発達させやすい。台風が離れていてもアウターレインバンドなどの大雨と共に竜巻にも十分な注意が必要である。

### 3) 竜巻が迫ったら、2階より1階、1階より地下、地下がなければ窓のない部屋

**竜巻で危険なのは飛散物・飛来物である。**２０１２（平成24）年５月６日午後12時30分ごろから茨城県筑西《ちくせい》市、常総《じょうそう》市、栃木県真岡《もおか》市で相次いで竜巻が発生した。とくに常総市で発生し

た竜巻はつくば市北条《ほうじょう》地区の住宅街や商店街を直撃。死者1人、負傷者51人、住家等の被害1093棟、工業団地の被害36棟という甚大被害となった。後にJEF3の強さと認定されたこの竜巻は、首都圏近郊の住宅密集地で比較的新しい構造物に深刻な被害をもたらした。

当日の気象条件は、上空5500メートルに氷点下21℃以下の強い寒気があり、東北日本の太平洋側から日本海にある低気圧に向かって暖かく湿った空気が流れ込んでいた。日射の影響で地上の気温が上昇したことから、東海地方から東北地方にかけて大気の状態が非常に不安定となって、落雷、突風、雹を伴う発達した積乱雲が発生していた。

**翌朝、筆者は現地に飛んで息をのんだ。つくば市の北条商店街では何本ものコンクリート電柱が根元から倒れ、商店や住宅の屋根や壁が飛ばされ破壊されていた。**吹き飛ばされた軽自動車が離れた家の屋根に乗っているし、駐車場の車が軒並み転倒し吹き寄せられていた。飛ばされた自転車がひしゃげて公園のジャングルジムに引っかかり、梢や電線に多数のトタン板が絡まっている。被害域は幅約50〜100メートルで、多少ジグザグはしていても、上から見るとほぼ数キロにわたる直線上に被害が集中していた。

被害が多かった住宅を見ると、2階建ての場合、1階より2階のほうが飛来物による損傷が激しかった。飛来してきたトタンの破片や木片が壁に突き刺さっていた。とくに6階建て鉄筋コンクリート造りの雇用促進住宅の損傷はそれが顕著だった（㉕図）。窓ガラスが割れ、室内に吹き込んだ強風で家具が破壊されているなどの激しい被害は2～6階に集中し、上の階ほど飛来物が夥しくぶつかり損壊していた。室内には他から飛んできたと思われる樹木の枝や損壊住宅の木片などがガラスと一緒に散乱している。

**意外に被害が少なかったのは1階でほとんど無傷に近かった。**これは竜巻の現地調査でいつも感じることである。竜巻は上昇気流の漏斗雲が渦を巻きながら移動するので、地表面より上方に強い風が吹くのかもしれない。

もし、**竜巻注意情報が出て竜巻が迫ったとき家にいたら、2階より1階、1階より地下の方が安全である。地下がない場合は窓のない部屋や、最悪でも浴槽の**

**㉕図　つくば市の竜巻現場**

雇用促進住宅／撮影：筆者

**中に身を隠すことが大切。車に乗っていたら、車から離れ近くのビルなど堅固な建物の中に避難することである。車は人もろとも飛ばされる恐れがある。堅固な建物のない野外にいたら、壊れそうなプレハブなど危険な構造物には近づかないようにして、側溝や窪地に身体を伏せて竜巻が通り過ぎるのを待つしかない。**

## 4) 竜巻の前兆現象と身を守る行動

竜巻が迫ってきた場合や、竜巻注意情報が発表された時にどんな行動を取ればいいのか、竜巻の前兆現象はあるのかを考えてみる。**竜巻注意情報の有効期間は約1時間しかない。そのため竜巻注意情報が発表されてから対応しようとしても間に合わない場合もある。朝の天気予報に「大気が不安定」「雷雨」「にわか雨」という言葉が入っていたら、それは竜巻警戒キーワードだと考え、屋外イベントなどの主催者であれば、その時点から警戒を強める必要がある。**

ちなみに、竜巻注意情報はあっても竜巻警報は存在しない。現在の予測技術では局所的に短時間で発生する竜巻の発生を適切に予測できないからである。気象庁が発表する竜巻注意情報の的中率は5～10パーセントと低く、空振りが多いのが現状である。さらに、竜巻の移動速度は平均時速33キロほどなので、竜巻が目前に迫ってからでは避難できない可能性がある。そのため、竜巻の前兆現象を知って、直ちに身を守る行動をとることが大切（**防災ひと口メモ⑨**）。

## 竜巻が接近した時、身を守る退避方法

【竜巻接近時、室内にいたら】

●雨戸やシャッターを閉め、厚手のカーテンを引く。
●2階より1階、1階より地下（地下がなければ窓のない部屋）に退避。
●窓、ドアなどの開口部から離れる。
●家の中心に近い窓のない部屋に退避し、身体を伏せ両腕で頭と首筋を守る。
●浴槽の中に入り姿勢を低くして身を隠す。
●窓から強風が吹き込むと想定し、頑丈な物の陰に入る。
●窓が両側にある部屋は特に危険（風が吹き抜ける可能性がある）。

【竜巻接近時、屋外にいたら】

●電柱、街灯などの構造物から離れる。
●送電線、送電鉄塔、樹木から離れる。
●山頂、尾根、ダムや堤防の上、川、河川敷、田畑、海岸、海、湖、橋から離れる。
●車、自転車、バイクから離れる。
●テント・ビーチパラソルなどから離れる。

●壊れそうなプレハブ、トタン屋根の小屋、ビニールハウス、仮設構造物から離れる。
●鉄筋コンクリートの頑丈そうな建物に避難する（させてもらう）。
●ベンチ、標識、看板などから離れる。
●近くに避難する場所がない場合は、水路、窪みなどに身を伏せ両手で頭と首筋を守る。

【竜巻から避難するとき】
●ヘルメット、長袖、長ズボン、ゴーグルがあれば着用する。
●車、自転車、バイクで避難しない。
●遠くの避難所より、近くのビルか地下へ避難する。
●できるだけ荷物を持たず、両手を開けて避難する。

気象庁が「竜巻など激しい突風のおそれ」などの気象情報は、半日〜1日前に発表される。**雷注意報は数時間前に発表され、竜巻注意情報は0〜1時間前に発表される。つまり、竜巻注意報が出てからの対応では遅れてしまう場合がある。**

また、竜巻に至らないまでも半日から1日前に発表される気象情報で竜巻や突風という表現があったら十分注意し、竜巻の予兆現象を察知したら迅速な対応が必要である。体育祭、屋外イベント、屋外作業、高所作業は、突風や竜巻に見舞われると人的被害が出る危険性がある。**竜**

巻注意情報が出たら直ちに屋外作業やイベントを中止して、早めに安全な場所に避難することが大切。

熊谷市では 2013 年 9 月に 2 本の竜巻が発生。約 1200 棟の家屋に被害が発生し、地域に大きな打撃を与えた　撮影：熊谷市

防災ひと口メモ 07

## 風速基準と風速計設置場所

熱帯低気圧の中心付近の風速が17.2m／s以上になると熱帯低気圧から台風になる。台風の強さは風速で判断される。風速が33m／s以上が強い台風、44m／s以上が非常に強い台風、54m／s以上で猛烈な台風と呼ばれる。風速とは大気の動く速さ、つまり1秒間あたりに大気が動いた距離を風速(m／s)と呼ぶ。しかし、風は絶えず変動しているので、瞬間値と平均値で観測する。単に風速という場合は観測時前10分間の平均値を指し、その最大値を最大風速と呼んでいる。また、3秒間の平均値(0.25秒間隔の計測値12個の平均値)が瞬間風速で、その最大値が最大瞬間風速である。

風速計で測定する場所について、世界気象機関(WMO)は「平らで開けた地上10mを標準」としているが、この開けた場所とは、樹木や建造物との距離が、それらの高さの少なくとも10倍以上ある場所とされる。しかし、都市部のように高層建物が林立していると開けた場所は少なく、結果として建物の屋上など設置高度100mに風速計を設置する場合もある。この平均風速の考え方は国によって異なるが、日本の気象庁や多くの国はWMOに合わせ、前述した10分間の平均値を風速としている。しかし、米国は1分間平均、中国は2分間平均値をとっている。こうした異なるデータを比較する場合は、変換係数をかけて作業することになる。

台風被災の検証をする際に風速などのデータは不可欠。風速計は厳密な基準に基づき設置される

防災ひと口メモ 08

# 最大瞬間風速ベストテン

## 過去、観測された最大瞬間風速ベスト10 (2020年1月現在・気象庁)

**第1位** **91.0m/s**
(1966年9月25日 静岡県・富士山頂/台風第26号)

**第2位** **85.3m/s**
(1966年9月5日 沖縄県・宮古島/台風第18号)

**第3位** **84.5m/s**
(1961年9月16日 高知県・室戸岬/台風第18号)

**第4位** **81.1m/s**
(2015年9月28日 沖縄県・与那国島/台風第21号)

**第5位** **78.9m/s**
(1970年8月13日 鹿児島県・名瀬/台風第9号)

**第6位** **73.6m/s**
(1956年9月8日 沖縄県・那覇/台風第12号)

**第7位** **72.3m/s**
(1964年9月25日 愛媛県・宇和島/台風第20号)

**第8位** **71.0m/s**
(2015年8月23日 沖縄県・石垣島/台風第15号)

**第9位** **69.9m/s**
(2006年9月16日 沖縄県・西表島/台風第13号)

**第10位** **69.0m/s**
(1970年8月21日 徳島県・剣山/台風第10号)

※最大瞬間風速のベストテンは全て台風によるものである。月別にみると8月、9月の台風によって記録的な強風が観測されている。富士山測候所は2004年に閉鎖され、以降は自動気象観測装置による気象観測を行っている。

防災ひと口メモ　09

## 竜巻の主な前兆現象

- 積乱雲が回転していたり、近づいてくる
- 稲光がし、雷鳴が聞こえる
- 空が急に暗くなる(真っ黒な雲が低く広がる)
- 急にヒヤッとした冷たい風が吹く
- 急に大粒の雨が降ってくる
- 雹(ひょう)や霰(あられ)が降ってくる
- 草むらや土の匂いがする
- 真っ黒い雲の底が漏斗状に垂れ下がる
- ゴーッという音がする
- キーンと耳鳴りがする(気圧が急降下)
- 急に風が強く吹く
- 小石、木片、木の葉、枝、トタン板などが飛んでくる

※雷注意報や竜巻情報注意報が出たら、屋外イベント中止を検討
※天気予報で「大気が不安定」「所によりにわか雨」もリスクキーワード
※前兆現象を察知したら、直ちに命を守る行動を取る

家屋のみならず生命も危険にさらす竜巻災害。前兆現象を理解し、迅速な避難を心掛けたい

# 第五章

# 台風の大雨・洪水・地下水没に備える

# 1 「防災大掃除」と「目詰まり水害」

**「田舎のばあさんと、マジの風は手ぶらじゃ来ない」**。これは宮崎県に伝わる格言である。マジの風とは強い南風のことで、田舎のおばあさんが律義に手土産持って来るように、**台風時の南風は強い雨雲を連れてくる**。台風に備えるのは、強風、洪水、土砂災害に備えること。それも、気候変動時代にあっては過去にない大雨や暴風に備えることである。

そして前述したように、**防災は「段取り八分」。事前対策できるのは8割までで、何か起きてから対応できるのはせいぜい2割程度でしかない**。とくに台風が来てしまってからでは対応できることには限りがあるし、危険ですらある。そこで是非**お勧めするのが「防災大掃除」である。台風シーズン前に、大雨に備え隣近所や町内会に声をかけ、側溝や排水溝の清掃を行うのである。これを怠ると側溝などの目詰まり水害が起きるおそれがある**（㉖図）。

２０１４（平成26）年９月10日、東京都江戸川区の交差点でタクシー９台が道路冠水で立ち往生し水没した。当時、都内には大雨洪水警報が出ていて、１時間に約50ミリの強い雨が観測されていた。しかし、それにしても普通の交差点で車が多数水没とは穏やかではない。

現場に行ってみると、アンダーパスではなく平地に開けたどこにでもある交差点である。た

**㉖図　放置すれば目詰まり水害を起こす（排水溝）**

撮影：筆者

**㉗図　ゲリラ豪雨でも車は浸水する**

撮影：筆者

だ、四方から緩く傾斜した低いところに交差点があり、雨水が集まる地形だった。交差点だけでなく、近くのマンションの1階も浸水していた。消防が出動して調べた結果、交差点横の道路と歩道の間にある数カ所の排水溝に枯れ葉や小枝が詰まっていて、それを取り除くと短時間で水が引いたそうだ。つまり**「目詰まり水害」**である。

同じ年の10月には神奈川県平塚市でも目詰まり水害が発生している。大雨で保育園が床上浸水し、園児ら80人が2階に避難して救助された。原因は、水田の稲刈りが終わった時期で、田んぼに放置されていた稲わらが近くの渋田川から溢れた水とともに排水口に流れこみ、その稲わらが目詰まり水害を起こしたとみられる。実際には、稲わらが流れこむ前から周辺の排水口は泥や枯れ葉で詰まっていたとも言われている。

最近、台風が近づいてくると、住民から役所に多数の電話が入るそうである。「排水口が詰まっているので掃除して下さい」とか「住宅街の側溝に枯れ葉や泥が溜まっているから早く除去してくれ」などの清掃依頼だという。昔なら自分たちの地域の側溝や排水溝の清掃は町内会行事として住民が総出でやったものだが、最近は高齢化の影響もあってかドブ掃除を行わない地域が増えている。大通りの側溝や排水口であれば、車の往来が激しく危険でもあるので、管理者に依頼したほうがいいが、**住宅街の排水口ならば、元気な人たちで清掃するのを年中行事とすべきである。目詰まり水害で困るのは他でもない自分たち自身なのだから。**

防災大掃除は、目詰まり水害だけでなく強風対策としても必要である。家の周りの整理整頓。自転車やバイクなどは強風で飛ばされないように屋内に入れるか固定する。ベランダの植木鉢やプランターはもちろんバケツ、物干し竿、洗濯バサミなども強風で飛ばされればよその家のガラスを破る凶器になる危険性がある。

ついでに、マンションなどではバルコニーの排水口の清掃も欠かせない。大雨が短時間に降るとバルコニーに雨水が溜まり、それが建具の隙間から室内に入ってしまうこともある。**防災は「被害者にならず、加害者にならず、傍観者にならず」である。**自分の家の物が飛来物と化し、よその家や器物を破壊するかもしれない。結果として意図せぬ不作為の加害者になってしまう。できれば防災大掃除を、町内会や自主防災組織の年中行事にするといい。台風シーズン前と9月1日の防災の日の前など年に2回程度の防災大掃除が地域と我が家の安心・安全に役立つ。

防災大掃除は地震対策としても重要である。室内の家具などの整理、玄関までの避難路には物を置かないように片付ける、不用品は処分するなど、家族ぐるみ地域ぐるみで防災大掃除を実施すれば、電池などの有害ごみもまとめて処理できる。

# 2 逆流浸水を防ぐ「手づくり水のう」

## 1）「杉並豪雨」の逆流浸水

今の都市はコンクリートとアスファルトに覆われ、地表に雨が沁み込まず、全て排水口・下水道管を経て川や海に放流されている。それによって市街地で洪水が起きやすい時代になっている。集中豪雨などで**河川や用水路の水位が上がると、市街地に降った雨が川に流入しにくい状態になる。バックウォーター現象のようなものである。**

**河川に排水できないのに後から後から流れ込む水流で、行き場を失った水が溜まっていた汚濁物と一緒に下水道管へと逆流する。そうすると、低地にある住宅などの1階にある風呂場や浴槽、トイレ、洗濯機の排水口から逆流してきた泥水が噴き出し、室内が浸水することがある。私はそれを「逆流浸水」と呼んでいる。**

家庭や工場などから流す汚水と雨水を合わせて「下水」と呼ぶ。一部は浄化槽で処理し下水に流している。下水の排水方式には合流式と分流式がある。合流式は、汚水と雨水をひとつの下水道管に集め、水再生センターまで運ぶ方式。分流式は、汚水と雨水を別々の下水道管で集め、汚水は水再生センターまで運び、雨水はそのまま川や海へ流す方式である。日本では、都市開発が先行した市街地の多くが合流式になっている。

**例えば東京都区部の場合、合流式下水道が82パーセントに上る。雨が降っていない時は、そのまま水再生センターに汚水を送るが、雨が降ると水再生センターの処理能力を上回るため、雨水で希釈された汚水の一部が水再生センターに流入する前に雨水吐口から河川や海に越流するようになっている。**これは東京だけでなく、大阪、名古屋など全国191もの都市が合流式下水道である。これが河川や海の環境汚染にもつながっている。改善しようという動きはあるが、あまり進んでいない。

**「アリの行列が続けば大雨が降る」という諺がある。大雨が降りそうになると、アリたちは巣の中の卵を守るため、行列を作って安全な場所へと移動すると言われている。**後で聞くと、「杉並豪雨」の時も昼間は晴れていて、庭でアリが行列を作っていたと言う人がいた。2005（平成17）年9月4日から5日にかけて東京都の23区を中心に局所的大雨が降った。後に「南関東局地豪雨」とか「杉並豪雨」と呼ばれる局地的集中豪雨である。西日本を通過中の台風14号によって湿った空気が流れ込み、関東地方では大気の状態が不安定となって各地で雷雲が発生。都内で発生した雷雲は南北の帯状になって急激に発達し数時間にわたって停滞したため局地的に大雨となった。杉並区下井草では4日21時50分までの1時間で112ミリ、24時間雨量は240

ミリ、練馬区で242ミリ、三鷹市で225ミリの記録的な降水量が観測された。**神田川水系の洪水抑制のためにつくられた貯水量24万トンの環七地下調整池も約1時間で満杯になった。**

この豪雨で、都内を流れる1級河川荒川水系神田川とその支流の妙正寺川《みょうしょうじ》、善福寺川《ぜんぷくじ》など8河川から溢水した結果、杉並区を中心に都内での床上・床下浸水等が6754棟、埼玉県ではさいたま市や蕨《わらび》市などで床上・床下浸水1581棟、そのほか横浜市や川崎市でも浸水被害が生じた。**東京都は整備対象としてきた46河川について、1時間雨量50ミリを基準にして治水整備を進めてきたが、この杉並豪雨では約2倍の雨が降った。都内7カ所の観測所で1時間雨量100ミリ以上の降雨を記録している。同一降雨としては、東京都の観測史上最多箇所となった。**都の整備事業をはるかに超える雨量で、都内で3カ所の護岸損壊も生じている。

筆者は最も被害の多かった杉並区・善福寺川の洪水現場に行った。橋の周辺や川が緩くカーブした箇所周辺の住宅が床上浸水となっていた。川から20メートルほど離れた家は出入り口に土のう袋を積んで浸水を食い止めたが、室内に泥水が入ってしまったという。家の中を見せてもらって驚いた。床、畳、壁が泥だらけになっているのだ。

その原因は浴室の排水口から噴き出した水だという。大雨が降っていて、川が氾濫するかと思って家族3人2階に避難していたが、**夜中に1階でゴボゴボという変な音がするので降りていくと、浴室の排水口から真っ黒な泥水が噴き出していたそうである。このお宅は川の水面よ**

**り低い場所に位置し、周囲の道路からも一段低い敷地であった。**室内に流入した泥水は善福寺川の水だけでなく、**排水溝などに溜まっていた泥と一緒に浴室と浴槽の排水口から噴き出した「逆流浸水」による泥水である。**浴槽・浴室から溢れ出た泥水がほかの部屋まで浸入し泥だらけになったという（㉘図）。

聞き取り調査をすると、周辺のお宅でも同じようなことが起きていた。前述の通りトイレの便器から泥水が噴き出したという例もある。都市の排水システムの設計基準（時間雨量50ミリ）を超える大雨が降れば、低い場所にある住宅では逆流浸水を警戒しなければならない。

## 2）逆流浸水を防ぐ、水のうのつくり方

台風が迫った時など、最近は役所が土のう袋

**㉘図　逆流浸水した浴室の様子**

杉並豪雨／撮影：筆者

は配布してくれる。しかし、土のう袋をもらっても都市部では袋に入れる砂や土が手に入りにくい。そこで参考に、土のう袋の代替になる「水のう」のつくり方を掲載する。

**【水のうのつくり方】**（㉙図）

**①40リットルから45リットルの大きさのゴミ袋を用意する**

**②ゴミ袋を二重（二枚重ね）にする**

**③そこへ10リットル程度、水道水を注ぐ**

**④空気を抜くようにして口元までねじってから縛る**

**⑤水のうの出来上がり**

低地の住宅の1階は、大雨が降る前に水のうをつくっておく。そして、大雨で浸水の危険があれ

**㉙図　水のう・止水堤のつくり方**

①ゴミ袋2重にし注水　②空気を抜きしばる　③浴室排水口の上に

④便器の中に　⑤段ボールに水のう　⑥シート巻き止水堤

出典：防災システム研究所

ば用意しておいた水のうを浴槽・浴室の排水口（便器の中、洗濯機の排水口など）の上に置くだけで逆流浸水が防げる。大雨が過ぎたら、水は風呂などで利用し、ゴミ袋もそのまま使える。

**ブルーシートを敷いた上に段ボール箱を並べ、その中に水のうを入れ、段ボールのふたをしてブルーシートでくるむと、土のうの代わりになり小さな防水堤にもなる。段ボール箱には水のうではなくペットボトルに水を詰めて入れてもいい。**大雨だからといって諦めずに、様々な工夫で浸水を防ぐ努力が大切である。

## 3 地下室への濁流浸水を防げなかった止水板

**記録的大雨の時、地下街、地下鉄、地下室はきわめて危険である。**１９９９（平成11）年６月29日、梅雨前線による記録的豪雨が九州北部を襲った。福岡市では午前７時43分からの１時間雨量が79・５ミリを観測、６月の１時間雨量としては福岡管区気象台が１９５３（昭和28）年に観測を開始して以来最高を記録した。午前９時20分には気象庁から記録的短時間大雨情報も発表され、６月23日の降り始めから30日午前10時までの総雨量は３３９ミリに達した。

**田んぼや緑が少なく、地表面をコンクリートやアスファルトで覆ってしまった大都市は、雨**

**水が地下に浸透せず保水能力が低い。**降った大雨の排水は側溝や下水道だけが頼りとなる。福岡市は５年に１度程度の降水量（１時間雨量52ミリ）を基準にして、市内に34カ所の雨水排水ポンプ場を設置していた。しかし、この時の豪雨はすでにその排水能力をはるかに超え、福岡市中心部のＪＲ博多駅周辺のビル街では、行き場を失った雨水が道路にあふれ内水氾濫を引き起こしていた（㉚図）。

それでも大雨は29日午前９時過ぎに小康状態になり、午前10時頃には道路冠水の水も引いて雨水が側溝に排水されるようになっていた。その一方で、ＪＲ博多駅の東側を通り博多湾へと注ぐ御笠《みかさ》川では、太宰府《だざいふ》市や大野城《おおのじょう》市など上・中流域に降った大雨が一気に押し寄せたため、下流の博多周辺で水位が急上昇していた。そして午前10時過ぎから11時までの間に、駅から約８００メートルの距離にある比恵《ひえ》大橋付近から駅に近い東光《とうこう》橋付近までの約１キロにわたり、各所で次々と川の水が越水し市街地に流れ込んだ。

御笠川から博多駅の間の地形は、駅に向かってすり鉢状に低くなっているため、川から溢れ出した水は駅周辺の低地に向かって勢いよく流れていった。駅周辺ではほとんどの道路が膝上まで増水し、中には１メートル近く冠水した道路もあった。御笠川の氾濫は、集中豪雨による増水のピークと博多湾の大潮の満潮時間（午前９時32分）が重なったことも一因とされ、冠水した道路では海の魚（ボラ）が泳ぐ姿も見られたという。博多駅構内や駅周辺のオフィスビル、

**㉚図　1999年「6.29豪雨」／博多駅筑紫口（新幹線口）付近**

出典：国土交通省九州地方整備局

**㉛図　1999年「6.29豪雨」／福岡市営地下鉄博多駅改札外コンコース**

出典：国土交通省九州地方整備局

ホテルなどは相次いで浸水し、特にビルの地階や市営地下鉄空港線の博多駅には道路から大量の水が滝のように流れ込んだ（㉛図）。

水害後、福岡県、福岡市、建設省土木研究所、九州地方整備局が合同で行った「博多駅周辺地下空間浸水状況調査」によれば、**駅周辺地区で地下施設を持つビル182棟のうち、地下が浸水したビルは71棟に上り、そのうち地下3階まで浸水したビルが3棟、地下空間が完全に水没したビルが10棟あり、地下階の総浸水面積は約5万平方メートルとなった。**また地下鉄については、地下1階にあるコンコースの筑紫口側で冠水した道路の水が出入口階段5カ所から流入し、最大で25センチ浸水した。この水は、階段やエスカレーターを伝って地下3階の地下鉄ホーム、線路へと流れ込み、地下鉄は線路の冠水で一時運転を見合わせることになる。

後に「6・29豪雨災害」と呼ばれる大雨で博多駅東2丁目のオフィス街にある東福第2ビルの地下1階が水没し、串揚げ店の女性従業員1人が逃げ遅れて死亡した。痛ましい限りである。地元の人に話を聞くと、博多駅一帯は今でこそ都会的な商店街やオフィス街だが、1963（昭和38）年に駅が現在地に移転する前は、水はけの悪い湿地帯だったという。このビルは御笠川からは約400メートル離れていたが、午前10時過ぎに川から溢れた濁流がビル周辺に押し寄せ、道路は川のようになっていた。ビルには道路と同じ高さで壁面に5カ所の通気口が開いていた。その通気口からも地下駐車場へと濁流が流れ込んだ。

また、ビルの地下駐車場への1階出入り口には高さ約40センチの止水板が設置されていたが、濁流はその止水板を乗り越え地下へと流入。短時間で地下は床から3メートルの深さにまで浸水し、地下空間はほとんどが満水状態になった。

女性従業員は事故当時、お昼の開店に備えて仕込みをしている最中だった。自宅にいた串揚げ店主に「店に水が入ってきて、逃げられないかもしれない」と救助を要請する電話をかけてきた。しかし、その直後に「キャー」という悲鳴とともに電話が不通になったという。店主からの119番通報を受け、福岡消防局が11時24分に現場に到着するが捜索に手間取り、結局12時34分になってようやく被害者の遺体を収容した。捜索に手間取ったのは潜水装備を用意した部隊の到着が遅れたことと、濁水と複雑な建物構造が捜索を阻んだ。女性従業員は、外開きのドアが水圧で開かず、店内に閉じ込められ水死したものと推定されている。

その1か月後、今度は東京都で地下水死事故が発生する。1999(平成11)年7月21日午後4時ごろ、新宿区西落合《にしおちあい》の男性(65歳)方の地下1階倉庫で、道路から流れ込んだ雨水で男性が溺れたと119番通報があった。約1時間半後に消防隊員らに救助され、近くの病院に運ばれたが男性の死亡が確認された。警視庁などの調べでは、男性が所有するこの建物は4月に新築したばかりの地上4階地下1階建てで、1階はテナント、2階から上に男性一家5人が居住し、地下1階を物置にしていた。

当日男性は雨が激しくなった午後4時ごろ、浸水を心配して「様子を見に行く」と家族に告げ、エレベーターで地階に降りて行った。しかし、中々戻ってこないため家族が様子を見に行くと、エレベーターが地下1階で止まり、建物の前の道路も冠水していたという。物置は広さ約33平方メートルで、道路から直接下りる階段があり、その階段から雨水が流れ込んだとみられる。階段側のドアを開けた途端、雨水が室内に流れ込んだらしい。

室内は一時、高さ2メートル近くまで浸水、消防隊員が着いた時も腰の高さまで浸水していたという。川が決壊したり氾濫したりしたわけではなく、道路に降った雨水が流れ込んだものである。当時、隣接する練馬区では1時間に91ミリの猛烈な雨を観測している。河川の決壊による外水氾濫がなくても街中に降った豪雨で内水氾濫はどこでも起きる可能性がある。**豪雨で道路が冠水すれば、その水は低いところへ流れる。**普段の少ない雨の時に「雨の日散歩」で自宅周辺の雨水の流れを確認しておくこと、地下は水に弱いことを肝に銘じておかなくてはならない。

## 4　地下街・地下鉄・地下空間の水没に備える

### 1）大雨に弱い地下空間

地下は大雨や浸水に弱い。仮に河川が氾濫して洪水が発生し道路が冠水していて濁流が地下に流入しそうだったとしても、地下にいる人には地上の様子がわからない。その分逃げ遅れる危険性がある。そして、降った雨は低いところ、低いところを目指して流れ込む。つまり、水は地下（低いところ）に流れ込みたがっているのである。

国の中央防災会議は２００９（平成21）年1月23日に「荒川堤防決壊時における地下鉄等の浸水被害想定」を公表した。荒川の堤防決壊時における東京都内の浸水域や浸水深については２００８（平成20）年に公表されていたが、今回は地下空間の浸水について被害想定をまとめたものである。

被害想定では、荒川流域に２００年に1度の洪水（３日間の流域平均雨量が約５５０ミリ、１９４７（昭和22）年の「カスリーン台風」並み）と、１０００年に1度の洪水（３日間の流域平均雨量が約６８０ミリ、１９１０（明治43）年の大雨による荒川堤防決壊時並み）の２つのケースを想定している。

２００年に1度の洪水モデルとされる「カスリーン台風」は、本州の南海上を北上し房総半島沖を通過、本州南岸に停滞していた秋雨前線を刺激して荒川と利根川の上流域の埼玉県秩父市で３日間降雨量６１１ミリ、利根川水系上流の栃木県日光市で４６６・５ミリの大雨をもたらした。荒川は埼玉県鴻巣市や熊谷市など上流で決壊していたため、東京都内での決壊はなかった。しかし、利根川は埼玉県大利根町で決壊、江戸川や中川などの旧利根川の流路に沿って氾濫水が南下し、都内数カ所で堤防が決壊する。

浸水域は足立区、葛飾区、江戸川区などに広がり、浸水家屋は38万棟に上った。被害想定のもう一つ、1000年に1度の洪水を想定したケースのモデルの1910（明治43）年8月の洪水も、台風接近に伴う大雨によるもので、荒川・隅田川の堤防が各所で決壊し、山手線の東側に広がる下町低地のほとんどが浸水した。堤防決壊箇所は7000カ所以上、浸水家屋は51万棟に上った。現在の荒川で都内を流れる部分は、この洪水を契機に掘削され1930（昭和5）年に完成した放水路であり、現在の隅田川が荒川の旧流路にあたる。

そして、被害想定での堤防決壊想定地点を東京都北区志茂、足立区千住、墨田区隅田の3カ所に設定、さらに水門やポンプ場といった排水施設が機能しないという設定で想定が行われた。**この浸水被害想定によると、北区と足立区で決壊した場合、東京メトロ南北線、千代田線、日比谷線などに氾濫水が流入し、都心方向に向かって流下する。その結果、大手町や銀座などで地表よりも数時間早く地下に流入し、駅は改札フロアまで水没するほか、赤坂や六本木など標高の高い山の手地域の駅でも、地表は浸水していないにもかかわらず線路が冠水するレベルまで氾濫水が到達すると予想**されている。

また、墨田区で決壊した場合には、都心の駅が浸水する可能性は低いものの、東京メトロ東西線、有楽町線、半蔵門線、都営新宿線のうち、主に江東区・墨田区などの隅田川東岸にあるほとんどの駅が水没すると想定されている。なお、これらの想定は、トンネルの入り口や駅の地上出入口の止水対策が現状と同程度（地表から高さ約1メートルまでの止水板を設置）とした場合であり、仮に入口の大部分を塞ぐような止水対策を行った場合には少なくとも水没状態の駅はなくなるほか、浸水範囲を狭めたり、浸水するまでの時間を遅らせたりすることができるとされている。

しかし、**この想定はあまりにも楽観的で甘いとも言われている。なぜかと言うと、荒川や利根川の上流、つまり埼玉県や栃木県で600ミリを超えるような大雨が降る時、東京周辺でも大雨が降っている可能性があるが、この想定では東京周辺の中小河川の越水や内水氾濫は想定していないからである。場合によっては東京都だけでなく、茨城県、千葉県、神奈川県などでも大雨が降っている可能性も否定できない。**となれば、1メートルの止水板を越える浸水もあるだろうし、広域避難などは絵に描いた餅となってしまう危険性もある。最悪の想定と言いながらも、複眼的な展開予測が欠けていると言わざるを得ない。

**渋谷駅の地下には川が流れている。その川は文部省唱歌「春の小川」のモデルになったとも言われる宇田川《うだがわ》が流れ込む渋谷川である。**渋谷駅周辺の地形をみると、東側に宮益《みやます》坂、西側に道玄坂があって、坂と坂に挟まれた形で**渋谷駅はすり鉢のように水が集まる低地にある。**

ちなみに、渋谷という地名の由来には諸説ある。その昔、渋谷駅や渋谷スクランブル交差点付近は海か入江で「塩谷《しおや》の里」と呼ばれていた。その「塩谷」が「渋谷」に変わったとする説。平安時代の終わりごろ、このあたりは武蔵国豊嶋郡谷森庄（谷盛庄）という地名だったが、領主だった河崎重家が京都御所に侵入した賊を捕えた。賊は渋谷権介盛国と名乗った。堀河の院は河崎重家に「渋谷」の姓を与え、以来重家の領地を「渋谷」と呼ぶようになったという説。この地を流れる川の水が鉄分を多く含み、赤さび色の「シブ色」だったため「シブヤ川」と呼ばれていたとする説。渋谷川の流域の低地が、しぼんだ谷あいだったからとする説もある。いずれにしても谷地で

㉜図　ビルの谷間を流れる渋谷川

出典：渋谷区ホームページ

あったことは間違いない。

**２０１５（平成27）年７月24日、東京都心を襲ったゲリラ豪雨の影響で渋谷駅の地下街が浸水した（㉝図）。**一部の改札口が閉鎖され、職員総出で排水作業に追われた。過去には渋谷駅前の道路が膝の高さまで冠水したこともある。２０１４（平成23）年からの渋谷駅再開発では冠水対策を念頭に東口の地下25メートルの深さに約４０００トンの雨水を貯水できる貯留槽を設置した。これは25メートルプール８個分の貯留量であり、効果が期待されていた。

しかし、昨今の雨の降り様は尋常ではなく、２００５（平成17）年「杉並豪雨」のときも環状７号線地下にある24万トンの調整池があっというまに満杯になった。気候

**㉝図　渋谷駅 地下構内の雨水を除去する作業員**

出典：2015年7月24日産経ニュース

変動時代の豪雨では4000トンの貯留槽だけでは間に合わない可能性がある。

都内には約6300カ所の地下空間があり、その面積は年々増加傾向にある。そのうち不特定多数の人々が集まる地下街、地下鉄、商業ビルが約4割を占め、中でも代表的な地下街は、八重洲地下街、新橋駅東口地下街、新宿駅東口地下街、新宿駅西口地下街、京王新宿名店街、池袋東口地下街、池袋西口地下街、歌舞伎町地下街の8カ所あり、延べ面積は21万4000平方メートルに及び、東京ドーム約5個分の面積に相当する。地下街利用者数は、最も多い八重洲地下街では1日15万人に及ぶ。また、**都内に地下鉄の駅は約280カ所あり、利用者は1日800万人を超えている。**地下街や地下鉄、商業ビル以外の事務所等が都内の地下空間全体の約4割で、共同住宅が約2割となっている。

それ以外にも半地下施設が多数あり、都内の地下室のうち約4割が、2000(平成12)年9月の東海豪雨規模の豪雨を想定した浸水予想区域図の浸水0・2メートル以上の「浸水危険性の高い区域」にある。都内の地下や半地下空間の浸水被害は毎年4～7回発生しており、うち1～2回は数十棟規模以上の浸水被害となっている。**地下空間が浸水すると、避難障害となる停電、発電機や動力の停止、エレベーター内閉じ込め、ケーブル・配管内浸水、電話不通、地下鉄の車内停電などの被害が派生する。**

## 2) 浸水時、地下にいる時に命を守る行動

### ①地下空間が浸水した時、何が起きるか

大雨や洪水で浸水すると、地下にはたくさんのリスクがある。主な地下空間の危険性を左記に記載する。

【主な地下空間の危険性】

- 地下にいると、地上の様子が分からない
- 地下にいると、スマホ・携帯がつながりにくい
- 地上が冠水すると、水が一気に地下に流れ込む
- 水が地下に流れ込むと、出入り口や階段から地上への避難が困難
- 浸水すると、水圧でドアが開かなくなる
- 浸水すると、停電になる
- 停電になると、エレベーターに閉じ込められる可能性がある
- 停電になると、照明が消える（非常照明はあっても暗い）
- 密閉空間で突発災害が発生すると、パニックになりやすい

前述した1999（平成11）年の福岡県・博多駅前の地下街水没で犠牲になった女子従業員も、地下で開店準備の仕込みをしているうち逃げ場を失ったとみられている。地下が水没する前に地上では道路が冠水していた。その後、御笠川が溢水して一帯が洪水となり、地下へ流入するまでに約40分～1時間半のタイムラグがある。**早い段階で地上の様子が分かっていたら逃げ遅れないで済んだものと思われるが、地下にいると地上の様子はほとんどわからない。**

場所によっては地下空間はＷｉＦｉなども電波が弱く、スマホ・携帯がかかりにくい場所もある。それに地下が停電すれば、無線増幅器などもダウンして通信障害になる可能性もある。**地上で洪水・冠水・氾濫などが発生したら、地下空間にいる人全員に危険情報を伝える仕組みを義務づけるべき**である。なぜなら、いったん浸水が始まると、地下はあっという間に満水になるからである。

**駐車場の出入り口や、階段、通気口などから濁流が猛烈な勢いで流れ込んでくると、エレベーターやエスカレーターは止まり、地下から階段やスロープで地上に上がることも極めて困難になる。**さらに浸水してしまうと、今度は水圧でドアが開かなくなる。（財）日本建築防災協会によると、水圧でドアが開かなくなる水深を以下のように規定している。「**ドアの内外の水位差が26センチ以上あると、水圧のため外開きドアは開かなくなる。さらに、水位差が47センチ以上あると、内開きドアでもドアの留め金が水圧で押し付けられ、ドアノブ等を人の力で回**

**せなくなり開かなくなる**」。

ほとんどのビルや地下街の電気室、機械室は地下に設置されている。そこが浸水すると停電になる危険性がある。電気室は浸水しなくても、地下の浸水による感電事故を警戒し、電気を遮断してしまう場合も多い。するとエレベーターは停止し、照明が消えて真っ暗闇となってしまう。地下には建築基準法で、停電になっても一定時間バッテリーで点灯する非常照明設備や誘導灯が設置されているが、浸水するとショートして消えてしまう可能性がある。大雨・洪水などの場合、地下空間からできるだけ早く脱出することが重要である。

**②地下が浸水した時、命を守る行動**

地上から地下空間に水が流入するルートは様々であるが、主な流入口は次の通りである。

**【地下空間の浸水流入口】**

- **地上に設けられた階段、エスカレーター等の出入り口**
- **給排気のための地上の換気口**
- **地下駐車場の出入り口**
- **地下道でつながっているビル等の出入り口**

●地下街や隣接ビルとの出入り口・階段
●換気ダクトのガラリ（グリル）等

こうした流入口は、いざという時の避難経路も含んでいる。だから、地下に水が流入してきた時、または浸水のおそれがある時は一刻も早く行動を起こさなければならない。大規模な地下街であれば、満杯になるまでにはある程度時間がかかるため、避難する余裕もある。しかし個人住宅や中小ビルの地下室だと短時間に満水になってしまうため、避難の時間、方法も限られるので早め早めの避難行動が必要となる。

ところが、多くの人は、自分がいま危険な状態にいることを認知しようとしない。それが「正常性バイアス」。**第七章でも詳述するが、バイアスとは偏見や思い込みで判断を誤る認知心理である。異常事態が発生しており、目前に危険が迫っていてもその危険を無視したり過小評価したりしてしまうことによって心的バランスを保とうとする心理的傾向が正常性バイアスなのだ。**

例えば、火災報知器のベルが鳴っても「これは誤報だろう」とか「点検に違いない」などと、人は避難行動を取らない自分を正当化する理由を探し、避難しないことがある。その時、ベルだけでなく非常放送で「火災です。すぐ避難して下さい」という、先の情報（ベルの音）を補完し再確認できる情報があると人は行動を起こす。

しかし、浸水が始まると停電などもあり、必ずしも適切に避難情報が伝達されるとは限らない。地下空間の利用者は自分自身でそれぞれの空間のリスク確認をしておくべきである。その地域の地形、周辺河川までの距離、地域の浸水想定やハザードマップ、過去の浸水記録などを予め確認しておくことが身を守る予備知識となる。もし地勢リスクがあるのなら、監視カメラを地上に配置し、地下のモニターで地上情報を確認できるようにする。地上に浸水センサーを設置し、一定の深さの冠水を早期に察知して、自動的に警報アラームを鳴らすシステムもある。避難経路の案内図などを掲出し、地下空間にいる人全員が参加して避難訓練を実施しておく。また、そこの管理運営組織と連携し、周囲の排水口の点検・清掃などを定期的に行う。出入り口に止水板を準備する。防災避難マニュアルの作成も重要である。そして、万一地下への浸水が始まったら次のことに留意して行動していただきたい。

**【地下にいて浸水が始まったら】**

- **係員の指示があれば、その指示に従って避難する**
- **一刻も早く地上への出入り口から避難する**
- **避難時はエレベーター、エスカレーターは使用しない**
- **水の流れを見て、流れの反対側（下流側）の出入り口などから避難する**

**●隣接ビル（施設）があれば水平に避難し、隣接ビル内部の階段を使用して避難する**

**●パニックに巻き込まれそうになったら、ひと呼吸してやり過ごし安全経路で避難する**

**突発災害が発生し避難する時、多くの人が普段利用している出入り口に殺到する傾向にある。とくに自分が今、地下の密閉空間にいるという認識、それだけで焦燥感や不安が高じパニックになりやすい。怖いのは、パニックによって理性と冷静さを失った乱集行動である。**我先に出入り口に殺到することでの将棋倒しや圧死の危険性もある。**そういう時は、「落ち着いて！」と自分で自分に声をかけ、パニックや乱集行動に巻き込まれないように、ひと呼吸して大きな柱の陰などに入り、やり過ごしてから安全そうな避難口から避難することが肝要。**

そのためにも地下街・地下鉄利用者は、普段から駅やコンコースの非常口や非常階段を利用場所ごとに、利用駅ごとに複数箇所を確認しておくべき。自分の命を守るのは自分である。そして自身の安全が確保できたら、近くにいる子供さんや高齢者に声をかけ避難誘導してほしい。

**㉞図　地下居室等からの避難時間シミュレーション**

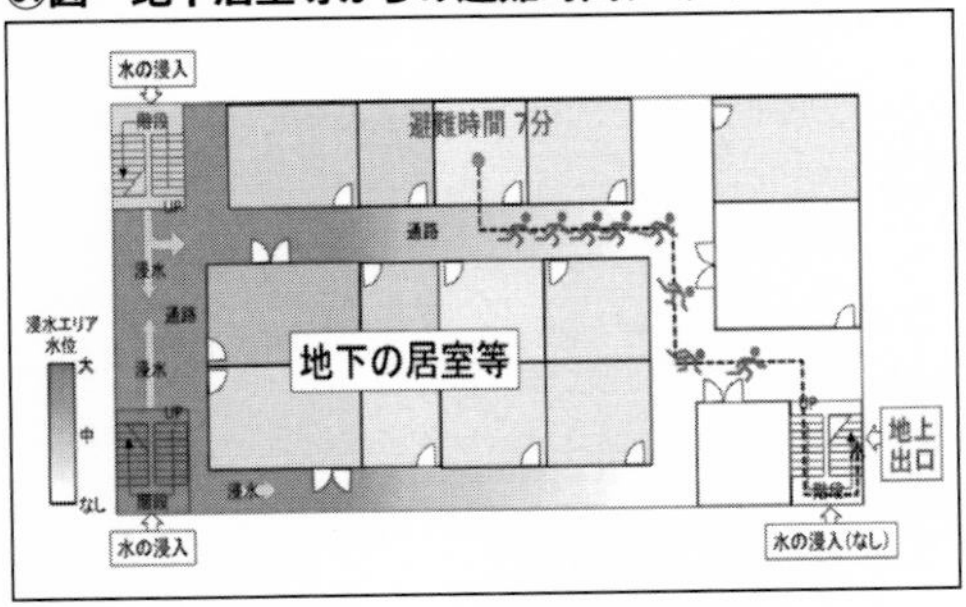


出典：日経 XTECH

# 5 洪水！ 遠くの避難所？ それとも近くの上階？

## 1) ここにいてはダメです！

**小松菜発祥の地として知られる東京都江戸川区**（人口約70万人）。ここは東京23区の東端にあり、西側を荒川と中川、東側には江戸川が流れている。**荒川の河岸は海抜ゼロメートルで、地域によっては満潮時の海面より2メートルも低い。**関東地方で降った雨の大半が江戸川区に集まると言われている。

区の約7割が満潮時の海面よりも低いため、降った雨は側溝などを通じ排水ポンプでくみ上げて川に流している。しかし、巨大台風や記録的大雨が降って河川が氾濫したり、高潮が襲ってきたりした場合、排水は追い付かなくなる可能性があり、区内のほとんどが水没することになる。これは**江戸川区だけでなく、記録的洪水は墨田区、江東区、足立区、葛飾区を含む江東5区（隅田川の東側）で発生し、約250万人が被災すると想定されている。**

その江戸川区が2019（令和元）年5月に発行した**水害ハザードマップには「ここにいてはダメです」と、ショッキングな言葉が書かれている。**2008（平成20）年に同区が作成した同区のハザードマップにはそんな言葉は入っていなかった。

これは2015（平成27）年に水防法が改正になってハザードマップが大きく変わったことによるものである。**水防法の一部改正で大きく変わったのは「浸水区域の見直し」。それまではその地域で発生した過去の浸水事例などを基にした想定降雨が基準であったが、改正後は「想定し得る最大規模の降雨（想定最大規模降雨）を前提として」区域を見直し、「想定し得る最大規模の洪水・内水・高潮」を想定した避難確保・被害軽減策が求められることになった。**

ここで伝えておきたいのは、あなたの地域で発行されているハザードマップが2015（平成27）年に改正された水防法の「想定最大規模降雨」が反映されているかを確認してほしいということである。「2019年東日本台風」で被害の多かった市区町村のハザードマップを見ると、一部を除きほとんどが更新されていないものだった。

その結果、古いハザードマップでは浸水想定外だった地域が浸水し、土砂災害想定危険区域外で土砂災害が発生している。今までは100年に1度程度の大雨を想定していたが、これからは想定最大規模降雨、1000年に1度程度の大雨に備えたハザードマップでなければ間に合わない。その辺を勘案して自分の居住する地域のハザードマップの作製日を確認する必要がある。江戸川区で作成されたのは、想定最大規模降雨を反映した荒川と江戸川の浸水想定区域図を重ね合わせた「江東5区大規模水害ハザードマップ」である（㉟図）。前提となる想定最大規模降雨量は、荒川流域の３日間総雨量６３２ミリ、江戸川・利根川流域の３日間総雨量４９１ミリを基準としている。**そのハザードマップにも「あなたの住まいや区内に居続けることはできません」と書かれている。**

　被害の最大値で浸水深さ10メートル以上、浸水継続時間は１～２週間（長いところは２週間以上）と想定されている。**浸水継続時間とは、水防法施行規則で定められていて、氾濫水到達後、一定の浸水深（例えば０・５メートル）以上に達してからその浸水深を下回るまでの時間をいう。**

　うちはマンションだから水が引くまで垂直避難して上階で暮らせばいいと考える人もいるが、マンションの地下にある機械室や電気室などが浸水したら機能不全に陥る。水害は暑い季節に

**㉟図　江東5区大規模水害時の最大浸水深の想定**

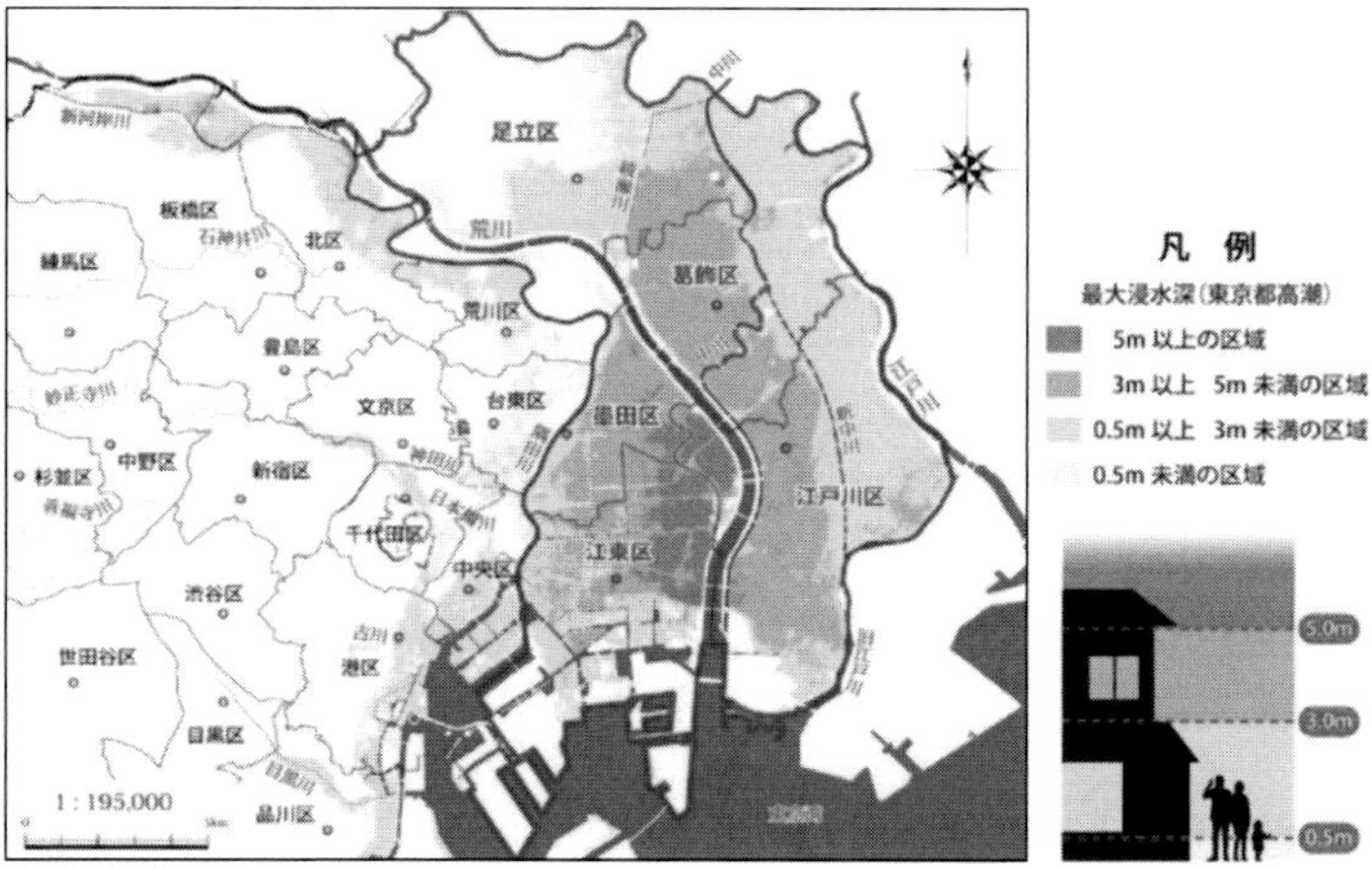


出典：江東区

発生する可能性が高く、電気、ガス、水道、トイレが使えない状態で浸水継続時間の2週間を暮らすことは難しい。

例えばインフラが止まった中でマンションが孤立していれば、エアコンも使えず熱中症の危険性もある。汚物やゴミが溜まって衛生状態が悪化するだけでなく猛烈な臭気にも悩まされる。そこで早めに江東5区の外へ避難する広域避難が呼びかけられる。では、**江東5区外に安全な避難場所はあるかというと、現状では避難場所は確保できていない。それでも大規模水害が起きる危険性がある場合には、江東5区のほぼ全域に広域避難勧告が発令されることになっている。**

**【江東5区で発令する避難情報】**

**●72時間前（3日前）／共同検討開始**
**江東5区が共同で、大規模水害への対応について検討する。**

**●48時間前（2日前）／自主的広域避難情報**
**広域避難勧告を発令する前に、江東5区外の安全な場所への自主的避難を呼びかける。**

**●24時間前（1日前）／広域避難勧告を発令する。**
**区長が、江東5区外の地域への避難を勧告する。**

**●9時間前（当日）／域内垂直避難指示（緊急）を発令する。**

**広域避難をする時間的な余裕がないと判断した際に、垂直避難行動をとるように区長が指示を出す。**

**●氾濫発生／大規模水害発生後、浸水しなかった区域の住民には速やかに帰宅を促す。**

**江東5区では、非浸水地域の自治体と避難の受け入れについて協議を進めているが、現段階では具体的な場所までは特定できていない。仮に、避難場所を開設できたとしても限りがあり、混雑してプライバシーを確保するのは難しいので、江東5区では区民に早めに浸水しない地域の親戚・知人宅やホテル、民宿、勤務先等への避難を呼びかけている。**

その場合の避難の方法は「①風雨が強まる前に電車で避難する。②1日以上前の避難（自主避難）は車でも可能。③避難開始が遅れると橋などで混雑する可能性があるので、交通誘導に従って徒歩・自転車で避難する。歩行が困難で公共交通機関を利用して江東5区外へ避難できない場合は、早めに車での避難を検討するか、近隣の小・中学校への避難を考えておく」と、ハザードマップには書いてある。

つまり、江東5区は水害発生時に5区以外の地域への広域避難を基本と考えているようだが、広域避難を受け入れてくれる自治体との連携はまだとれていない。それほどの大雨が降った時に、荒川や江戸川の上流や流域だけに雨が降って、江東5区外には降っていないとは限らない。

そうなれば、各自治体の避難場所はその自治体内の住民が優先される。

となれば、洪水のない地域を目指し遠く離れた自治体へ避難しなければならなくなる。「ここにいてはダメです」という衝撃的な記載のあるハザードマップで脅かすのであれば、その後どうするかを提案する責任もある。完結させるにはまだ時間が必要なのかもしれない。その間に記録的大雨や高潮が発生しないことを祈るばかりである。

## 2) 家屋倒壊等氾濫想定区域（氾濫流・河岸浸食）

2015（平成27）年5月の水防法改正により、最大規模降雨の洪水・内水・高潮への対策（ソフト対策）の推進を実施するため、従来の想定を更新した洪水ハザードマップ（浸水想定区域図）を作成し、公表することになった。そのハザードマップには家屋の倒壊・流失をもたらすような堤防決壊に伴う激しい氾濫流や河岸侵食が発生することが想定される区域「家屋倒壊等氾濫想定区域（氾濫流）」、「家屋倒壊等氾濫想定区域（河岸浸食）」も加えて、洪水浸水想定区域図（ハザードマップ）が公表されている。

**浸水継続時間が短く、浸水深が浅いところであれば、家屋内の高い安全な場所に避難し浸水から逃れる「垂直避難」でいい。しかし、氾濫水の流れの力が大きく家屋倒壊・流失の危険がある「家屋倒壊等氾濫想定区域（氾濫流）」や、河岸浸食の危険がある「家屋倒壊等氾濫想定**

**区域（河岸浸食）」では垂直避難ではなく、一刻も早く指定避難場所などへの水平避難を心がける必要がある。**

２０１９（令和元）年10月の千曲川《ちくまがわ》決壊時に長野県長野市穂保《ほやす》地区では決壊箇所の近くにあった多数の家が流失した。長野市は想定最大規模降雨を想定した洪水ハザードマップを作成して、決壊の7か月前に公表・配布していた。それを見ると、家屋が破壊され流された地域の多くが「家屋倒壊等氾濫想定区域（氾濫流）」に指定されていたところであった。しかし、流失家屋の住人に話を聞くと、ハザードマップは見たことがあるが、「家屋倒壊等氾濫想定区域」（氾濫流）に指定されていたとは知らなかったという。

**千曲川（信濃川《しなのがわ》水系）は、流下すると信濃川と名前が変わり、日本海に注ぐ日本一長い川である。**下流の信濃川は、川幅も広く勾配の緩やかな越後平野をゆったりと流れる。上流の千曲川は川幅が広いところと狭いところがあり、ところどころ急流になる。そのため川幅の狭い流域の周辺で繰り返し氾濫し、過去に度々洪水を引き起こしている。

千曲川決壊直後に現地に行った。決壊箇所から２００メートルほど離れた長沼支所（穂保地区）の道路を隔てた向かいに呆然と立ち尽くす男性がいた。道路は土砂が寄せられていたが、付近はまだあちこちに濁った水が溜まっていた。その男性Sさん（79歳）は、むき出しのコンクリート基礎の上に立って「ここに2階建ての自宅があったのです」という（**㊱図**）。その一帯は10数棟が流失した地域で、Ｓさんの家は道路際にあった延べ５００平方メートルの大きな家だったそうだ。

10月13日（日）早朝、穂保地区・千曲川の左岸堤防が約70メートルにわたって決壊。決壊地点は約7キロ下流の中野市立ヶ花で川幅が狭くなるため、上流からの流れが横に広がり越水・決壊し、広い範囲に浸水被害をもたらした。

氾濫した13日（日）は近くにある守田神社の例祭だったので、嫁いだ娘さん夫婦が孫を連れて前日から泊りがけで実家に帰省していた。12日（土）午後6時ごろ娘さんのスマホに避難勧告の防災メールが届いたので、念のためみんな2階で寝ることになった。

午後11時40分、今度は避難指示のメール。「横になっていたら、避難指示だから避難しようよ

㊱図　2019年東日本台風（19号）／千曲川決壊で住宅の基礎だけが残る

長野市穂保地区／撮影：筆者

と娘が言ったけど、2階にいれば大丈夫だと答えると、○○ちゃんもいるので、頼むから避難しよう！ と娘に言われた。それではと、11時45分ごろ車で親戚宅へ避難した」。その約3時間後の午前3時20分から5時半の間に決壊し、自宅が流されたことをあとで知る。「もし、娘夫婦と孫が来ていなかったら、私たち夫婦は家ごと流されていた」、そして「大雨の前日、**テレビで『夜間や冠水時の戸外への避難は危険だから2階に避難して下さい』と気象予報士が言っていたが、家が大きな川のそばだったら、一刻も早く、離れた高台の避難場所に避難したほうがいい**」とSさんは言う。その通りだと思う。

**長野市の洪水ハザードマップでSさんの家を見ると、想定浸水深10～20メートル、そして「家屋倒壊等氾濫想定区域（氾濫流）」に指定されていた。**これからは浸水の有無だけでなく、ハザードマップで危険ゾーンになっているかを確認し、避難方法や避難のタイミングを計る必要がある。

## 3) 大雨の中、半鐘をたたき続けた消防団長

「2019年東日本台風」（19号）の直後、現地は千曲川が決壊し濁流に洗われた川沿いの街が、大量の土砂で茶色に染まっていた。決壊した左岸に面する長沼地区をはじめ、広い地域で建物が流され破壊されていた。コンクリートの基礎だけになってしまった家も多く、洪水の凄まじ

さを見せつけられた。この洪水で長野市だけでも全壊家屋８６９棟、半壊家屋１４９８棟、一部損壊１６５４棟の大変な被害を出した。

筆者は現場を見て、全半壊２３６７棟という数字から推して相当数の犠牲者が出たことと思っていたが、長野市によると犠牲者は２人だけだった。この決壊場所は長野市穂保地区で、ここは戦国時代に武田《たけだ》信玄《しんげん》と上杉《うえすぎ》謙信《けんしん》の両雄が覇を競った川中島《かわなかじま》合戦に登場する武田の出城・長沼《ながぬま》城のあった場所である。古地図をあてはめてみると、決壊箇所の内側付近の河川敷の、今はリンゴ畑になっているあたりが本郭跡だったと思われる。繰り返し洪水を受け、千曲川新堤防建設時に河川敷となったものと思われる。長沼城築城の年代は明確ではないが、信濃島津氏が南北朝時代（１５

**㊲図　千曲川決壊箇所と河川敷のリンゴ畑**

長野市穂保地区千曲川堤防／撮影：筆者

00年前後）にこの地に土着し最初に築いた平城で、千曲川の自然堤防の上に城があったものと推定されている。この地は地味が肥えた穀倉地帯であり、水運による物資輸送の要衝の地で、長沼城は信濃勢に備えた武田軍の前線基地であり重要拠点であった。

決壊した堤防は、2002（平成14）年から2016（平成28）年にかけて全長4・37キロにわたって整備された、桜堤と呼ばれる遊歩道となっていた堤防である。整備は、堤防の幅を広げ100年に1度の洪水時にも水が堤防を越えにくくすることが目的であった。**それは長沼地区住民の悲願でもあった。そして整備した堤防の上は道路として利用し、脇には桜を植えたので、堤防が踏み固められるといわれていた。それが決壊したのである。**

**㊳図　住宅側から見た千曲川決壊箇所**

長野市穂保地区長沼付近／撮影：筆者

千曲川破堤の原因について、国の調査委員会は「最終的には越水によっての破堤」と結論づけている。越水しにくくする目的で改修されたばかりの堤防が、なぜ越水し、なぜ堤体が崩壊し、破堤したのかと疑問の声が上がった。住民たちからは、決壊箇所は古地図のお堀があった場所で、越水によりその跡が浸食され崩壊したのだという意見が多いが、まだ検証されていない。

いずれにしてもこの長沼地区は古い寺社もある歴史ある城下町であった。1954（昭和29）年に長野市に編入されるまでは長沼村（人口3210人）だった。当時から大字は大町《おおまち》、穂保、津野《つの》、赤沼《あかぬま》の4つの地区に分かれていた。その4つの地区それぞれに高さ6～8メートルほどの火の見櫓があり、半鐘が設置されていた。しかし、老朽化が進み最近は使用禁止となっていたが、火災が発生した時は半鐘を鳴らして知らせたり、火災予防運動のときも「カーン、カーン」とゆっくりたたくなど、火の見櫓が防災意識啓発の一翼を担っていた。

2019（令和元）年10月12日午後4時半ごろ、台風19号の影響で大雨が降った長沼では、交流センターに住民らでつくる災害対策本部が設置された。地域を回っていた長沼消防団の分団長飯島基弘（47歳）さんも5時半ごろには合流した。そのころ、約8キロ下流にある立ケ花水位観測所（中野市）の水位はぐんぐん上昇していた。高齢者や障害者などの要配慮者の避難に最優先で取り組むことになり、消防団も車を走らせ避難を呼び掛けた。本部が設置された長沼交流センターは千曲川に近く、氾濫すると危険だからと午後9時25分にいったん解散する。

そのあと飯島さんは鶴賀《つるが》消防署柳原《やなぎはら》分署（同市柳原）で待機し、千曲川にある国土交通省の定点カメラの映像を見続けた。午後11時ごろには堤防の縁まで水が来ているように見えた。「一度、現場に行きたい」。消防団の上司に進言し許可を得た。11時半ごろ、車は大町区の堤防の下にエンジンをかけたままにして徒歩で堤防に上がった。自動車のライトの光の先に見えたのは、勢いよく流れる濁流だった。あの広い河川敷に溢れる濁流だけしか見えない。このままだと地区全体が浸水すると思った。

分署に戻って日付が変わった13日午前0時、立ケ花の水位は10メートルを超えていた。そのうち「午前2時ごろに穂保で決壊の恐れ、避難指示発令」との一報が分署に入った。「ただ事じゃない。決壊となると、そこが川になってしまう」。分署の署長と話し、**消防車2台と分団の車1台の計3台で穂保地区などに避難指示を呼び掛けた。「これだけでは回り切れない。伝え切れない可能性があった」。どうしたら伝えられるか。そのとき、あの半鐘を思い出した。**「決壊の恐れがある。悪いが半鐘をたたいてくれないか」。団員に電話したが、穂保の団員とは連絡が取れなかったので自ら穂保に急いだ。自分の地元は大町なので、穂保の櫓に上るのは初めてだった。

穂保の櫓は大町と違い傾斜がなく垂直である。雨、風が強く手を滑らすのが怖かったが落下防止の腰ベルトを探している猶予などない。**8年ぶりにたたいた半鐘。風雨の中5分間、備え**

**付けの木槌で思い切りたたき続けた。皆に聞こえるよう、ひたすらに「みんな早く逃げてくれ」、祈るような気持だった。右手の力が尽きると左手に持ち替え、また右手に戻して……。それを繰り返した（㊴図）。**

分署に戻ったが、その後、定点カメラの映像は見られなくなった。一睡もしないまま朝になり、堤防の決壊を知った。「決壊は想定外だった。毎年、地区で防災訓練をしてきたが、さほど大きな被害はなかろうとの慢心があったかもしれない」。

13日未明、穂保区のリンゴ農家、落合道雄さん（78歳）は、トラクターや車を土手の上に避難させていた。半鐘の音が聞こえたのは、まさにその時だった。**「普段聞かない半鐘の音が風に乗って聞こえてきた。これは尋常のことではない。これはまずいと思った。逃げたのは夜中の1時半。ぎりぎりだった」。水が引いた後、自宅に戻ると、前の道路が約2メートル浸水し**

㊴図　決壊前、たたき続けた火の見櫓の半鐘

長野市穂保地区／撮影：筆者

**ていた。もし、あの半鐘が聞こえなかったら逃げ遅れていたかもしれない**と、感謝の言葉を口にする。

## 6 大雨・冠水時、車での避難は危険

「2019年房総半島台風」（15号）と「2019年東日本台風」（19号）が9月と10月に連続して関東地方を襲った。しかし、それで終わりではなかった。10月25日、東シナ海で発生した低気圧が関東地方を通過した。この低気圧は普通の低気圧とは異なり、多量の水蒸気をもっていて、亜熱帯低気圧と呼ぶ人もいた。関東の東海上を北上中の台風21号からの強い東風と相まって大雨を降らせた。数年に1度しか発生しない「記録的短時間大雨情報」が千葉市付近と八街市付近に発表された。

両市付近では13時30分までの1時間に100ミリの猛烈な大雨となった。この大雨で千葉県を中心に河川の氾濫が相次ぎ、土砂災害も発生した。この大雨で死者11人、重軽傷者5人、全半壊家屋1751棟、床上・床下浸水1276棟、崖崩れ31カ所という甚大被害をもたらした。

**亡くなった10人のうち、5人は乗車中の浸水で流されるなどした「車中死」だった。千葉県**

**長柄町《ながらまち》では、車で避難途中だったとみられる80代の男性が車ごと川に流され死亡。福島県相馬《そうま》市でも60代女性と30代の息子が乗った軽乗用車が流され、翌朝、市内の砂浜で遺体が見つかった。台風19号でも同様の被害が相次いでいた。栃木県足利《あしかが》市では、家族が運転する車で避難の途中だった女性（85歳）が、立ち往生していた別の車の後ろで停まっているうち浸水し、逃げ遅れて死亡している（㊵図）。**

　車はどんな天候であっても影響を受けずに安全に走行できるように設計されている。雨でも雪でも普通であれば問題はない。濡れてはいけない電子部品や電気系統関係は、外部からの水がかからないように車内に設置されている。だから、室内が浸水しない限り問題なく走行できる。また、ボンネット内にはエンジンルームが

**㊵図　洪水・冠水時、車で移動は危険**

長野市／撮影：筆者

あるが、雨や雪などの少しぐらいの水であれば外へ逃がすように設計されている。**つまり、車自体は雪や雨に強くできているのである。しかし、浸水には弱いのである。**

車のエンジンには空気を吸い込む給気口があり、給気口にはゴミやほこりを吸い込まないように、エアクリーナーというフィルターが付いている。エアクリーナーはキノコ状の形をしていて、フィルターが帯状に付いている。そして**車は給気口やエアフィルターが冠水すると、エンジンのシリンダー内に水が入ってしまい、空気の圧縮ができなくなりエンジンが停止する。**

また、そのままエンジン内に浸水してしまうと「ウォーターハンマー」と呼ばれる現象が発生し、シリンダーやピストンに大きな負担がかかって破損やゆがみを生じ、そうなるとエンジンは2度とかからなくなる。また車の後部にあるマフラーが浸水してしまうと、排気ガスが排気できなくなり一時的にエンジン停止が起きる。

**冠水道路を問題なく走行できる水深の目安は10センチ未満、10センチを超えるとブレーキ性能が低下し、安全な場所に車を移動させる必要がある。30センチを超えると、前述したようにエアフィルターやエンジンに水が入るか、マフラーがふさがれエンジンが停止する可能性がある。50センチを超えると電気系統がショートし、パワーウインドウが機能不全に陥り、ドアも水圧で開かなくなってしまう。**

**こうなったらガラスを割ってでも脱出する必要がある。**そのためにも「車用緊急脱出ハンマー」は必ず準備しておかなければならない。それを使用しないで済むように、大雨や道路冠水時には車での移動はしないほうがよい（㊶図）。

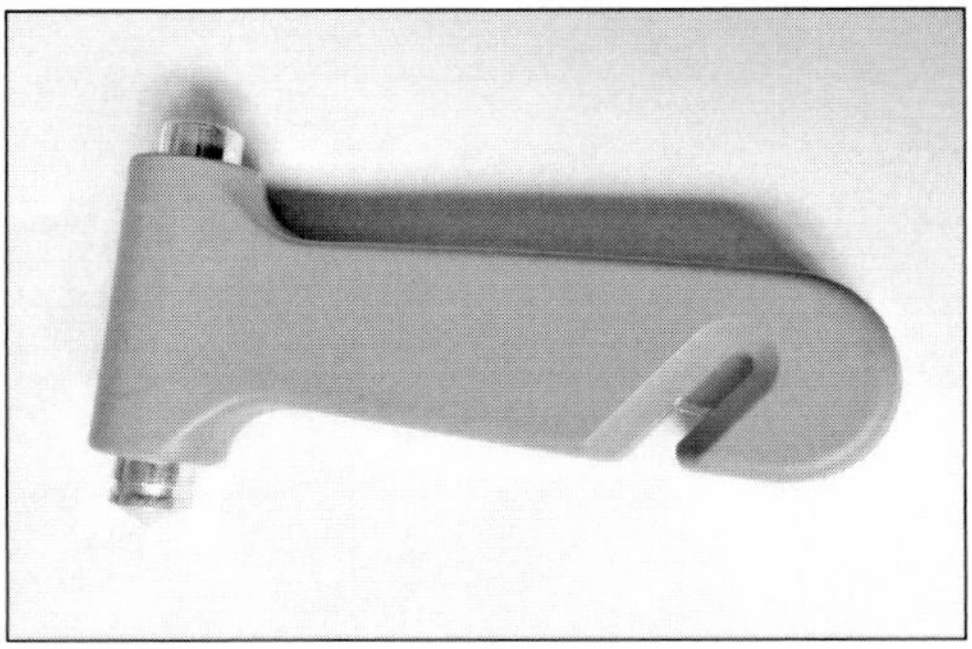

自動車からの脱出時に欠かせない「緊急脱出時ハンマー」。自家用車にはぜひ備えておきたい

**㊶図　浸水深と自動車走行**

| 浸水深 | 自動車走行 |
|---|---|
| 50cm以上 | 車が浮き、パワーウインドウが作動せず、車中に閉じ込められ、車ごと流される危険な状態。 |
| 30〜50cm | エンジンが停止、車から脱出しなければならない。 |
| 10〜30cm | ブレーキ性能低下、安全な場所に移動の必要あり。 |
| 0〜10cm | 走行に関し問題なし。 |

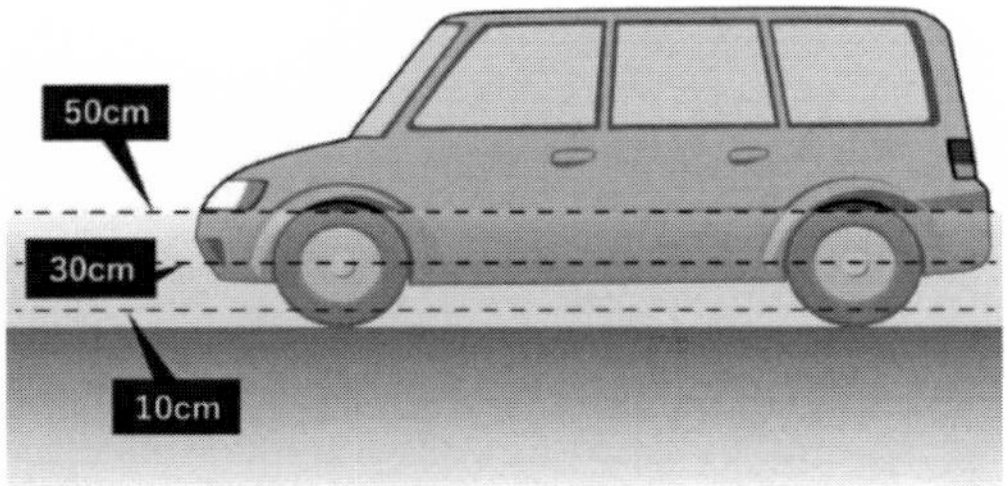


出典：防災システム研究所

# 第六章

# 土砂災害に備える

# 1 山と斜面は崩れたがっている

勇猛果敢、戦国時代最強と恐れられた武田信玄《たけだしんげん》率いる武田軍。その本陣に掲げられた軍旗の文字は「風林火山」。疾《はや》きこと風の如く、徐《しず》かなること林の如く、侵掠《しんりゃく》すること火の如く、動かざること山の如し（疾如風、徐如林、侵掠如火、不動如山）の略である。この風林火山の出典は「孫子《そんし》・軍事編第七」で、軍の行動（軍配）について記されたものである。

ここでは**動かざること山の如しとしているが、軍も山も動きたがるものである。大雨、地震、噴火など、何らかの外力が加わると斜面や山は低きに向かって崩れ落ちる。山や斜面は岩石や土砂で構成され、常に重力を受けていている。それが何らかの要因《きっかけ》でバランスが崩れると急に不安定になり、一気に下方へ移動するのが土砂災害である。いわば天地の摂理に基づく自然現象であるが、そこに人家があると、人的、物的災害となる。**

大雨、地震、噴火などに伴う土地の剛性を上回る外力を受けた際に発生し、斜面崩壊など土砂の移動を原因とする自然災害である。土砂災害は崖崩れ、土石流、地すべりの3つに分類される。**崖崩れは、大雨などで地中に浸み込んだ水分や地震などにより地盤が緩み、抵抗力の低下や浮石《うきいし》の抜け出しが生じて、瞬時に斜面が崩れ落ちることである。**突発的に発生し、崩れ落ちるスピードが速いため、住家《じゅうか》の近くで発生すると逃げ遅れる人も多く死者の割合が高い。**勾配の急な斜面や、水の集まる斜面は要注意。過去に崖崩れが発生した斜面の周囲は、特に注意が必要である。**

**土石流とは、斜面が崩壊したり渓流に溜まったりした土砂が、長雨や集中豪雨などによって一気に下流へ押し流される現象である。時速20～40キロと自動車並みの速度で流れ下り、破壊力が大きいので人家や田畑を押し流し、甚大な被害をもたらす。土石流による災害は急こう配の渓流や、上流斜面の崩壊などで荒れている渓流において発生しやすい。**

**地すべりとは、比較的緩やかな斜面において、地中の滑りやすい層（粘土、泥岩などを含む地層）の上の地盤が、地下水の影響などを受けて、ゆっくりと動き出す現象である。**一度に広い範囲が動くため、ひとたび発生すると人家、道路、田畑、地中埋設物などに大きな被害を及ぼしたり、川を堰《せ》き止めたりして洪水を引き起こす原因になることもある。

地すべり災害は、亀裂や、樹木が傾くというような前兆現象が認められることが多い、そうした前兆現象が判明したら注意が必要である。地すべりは地震によっても海底やゆるい斜面で起きる場合もある。この場合は突発的に発生するので被害が大きくなることが多い。

最近の現地調査で印象に残っている崖崩れは、２０１８（平成30）年に発生した大分県・耶《や》馬《ば》渓《けい》のがけ崩れである（**㊷図**）。４月11日午後３時40分頃、中津《なかつ》市大字金吉《かなよし》の裏のがけが轟音とともに崩れ落ち、住宅4棟が押しつぶされ死者6名という被害をもたらした。

そこはJR九州日豊本線中津駅から南に約30キロの金吉地域である。被災箇所は一級河川山国川《やまくにがわ》の支川である金吉川沿いの標高300~350メートルの山麓斜面で土砂災害警戒区域に指定されていた地区である。崖崩れの規模は幅約200メートル、長さ約250メートルの土砂が突然崩れた。

大雨が降っていたかというと、そうではない。中津市耶馬渓のアメダス観測所では、4月6日から7日にかけて6ミリの降雨が観測されていただけで、その後は**0・5ミリ以上の雨は観測されていないのである。雨も降らないのに、突然斜面崩壊が発生した。**現場には数十トンと思われる巨岩が土

**㊷図　2018年耶馬渓がけ崩れ**

大分県中津市耶馬渓町金吉／撮影：筆者

砂もろともゴロゴロ散乱していた。崩壊した斜面中央は土砂と岩盤がV字状にえぐれた跡があり、土砂が落ちた両側には杉や雑木の林になっている。地元の人に話を聞くと、**「この辺の山はみんな岩盤だと思っていた。それが雨も降らないのに、いきなり落ちてくるとは今でも信じられない」**とのこと。

現場を調査した国の専門家チームは「風化が進んでもろくなった岩盤が土砂の層を巻き込みながら崩れたのではないか」という見方を示している。「地下水の影響の可能性は低い。雨が降っていない中で、今回の崩落はまれなケースだ」とも。ここは古い溶結凝灰岩《ようけつぎょうかいがん》や安山岩《あんざんがん》でできている岩盤である。

専門家は数日前に降った数ミリ程度の雨では地下水の上昇は引き起こさないとしているが、地元住民にインタビューしたところ「崩落する前、水が出ていた」と言っていた。崩落後のへこんだ上部斜面から濁った水が流れ落ちている。全国でもこうした風化した岩盤の崖は数多くある。雨も降らないのに崩落するとしたら、極めて危険である。

**従来は大雨か地震の揺れを起因とする土砂災害ハザードマップが造られてきたが、風化岩盤や許容支持力を失った斜面なども危険箇所に加える必要がある。山と斜面は崩れたがっているのである。**

## 2 土砂災害警戒区域と特別警戒区域

１９９９（平成11）年６月29日、広島県で発生した集中豪雨で３２５件の土砂災害が発生し、全壊家屋65棟、死者24人の被害を出した。被災した地域の多くが土砂災害のおそれのある斜面まで宅地開発されていた地域だった。

この災害を教訓に、翌々年（２００１［平成13］年）に「土砂災害防止法」が施行された。土砂災害のおそれがある区域を明らかにして、警戒・避難体制の整備や建築物の構造規制などのソフト対策推進を目的につくられた法律である。この法律により国は「土砂災害防止対策基本指針」を策定し、土砂災害のおそれがある急傾斜地、渓流、斜面、地形、地質などを都道府県が基礎調査する。**基礎調査で土砂災害のおそれがある区域を都道府県知事は「土砂災害警戒区域」（イエローゾーン）に指定し、警戒区域のうち建築物に損壊が生じ、住民に著しい被害が生じるおそれがある区域を「土砂災害特別警戒区域」（レッドゾーン）に指定する**ことになった。

基礎調査で危険な区域が明らかになると市区町村長の意見照会を行い住民説明会後に区域の告示が行われ指定される。イエローゾーンに指定されると、市区町村は地域防災計画に基づき「情報伝達、警戒避難体制の整備」「災害時要援護者関連施設への情報伝達の徹底」「警戒避難

**㊸図　崖崩れ（急傾斜地）特別警戒区域と警戒区域**

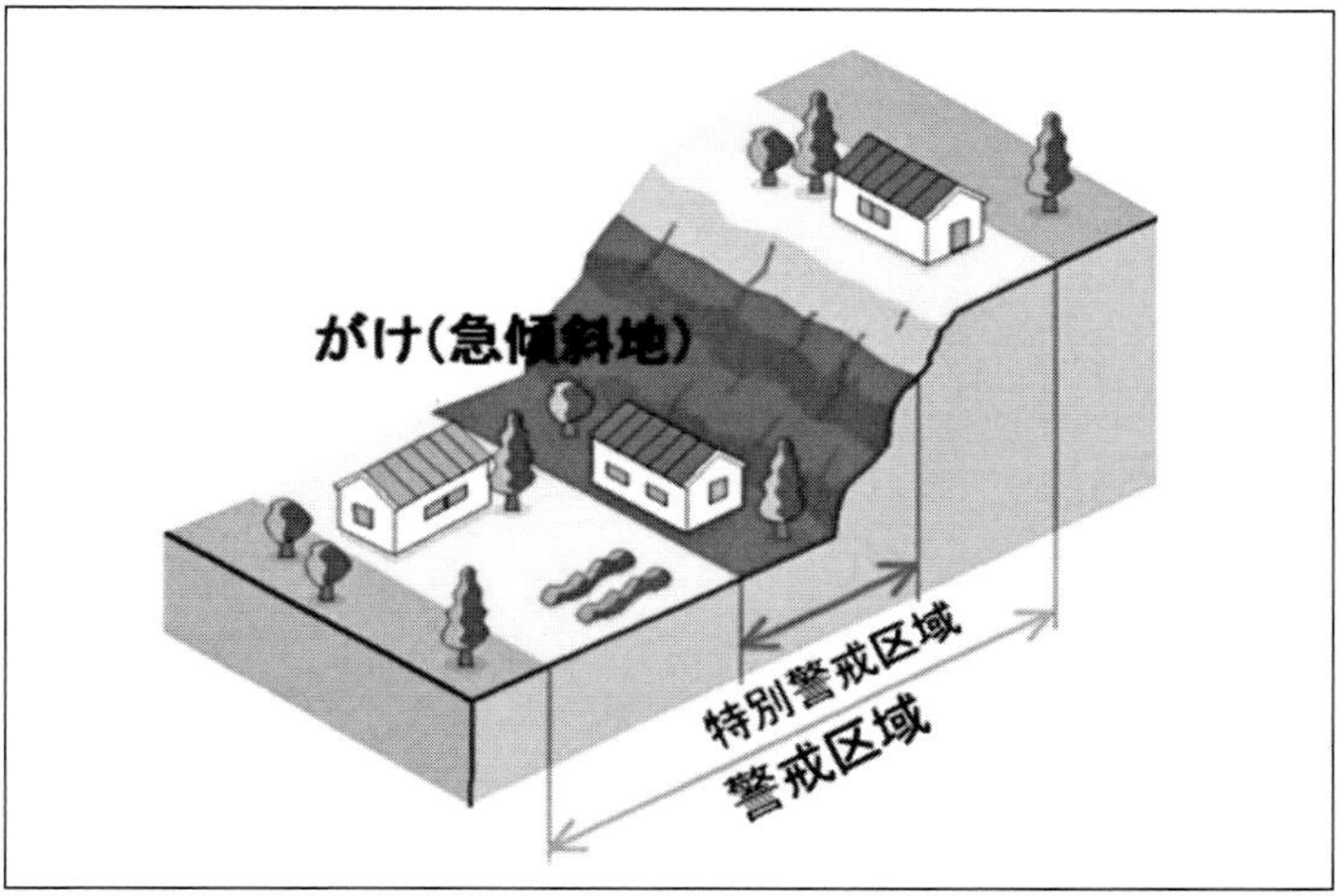


出典：国土交通省

**㊹図　土石流特別警戒区域と警戒区域**

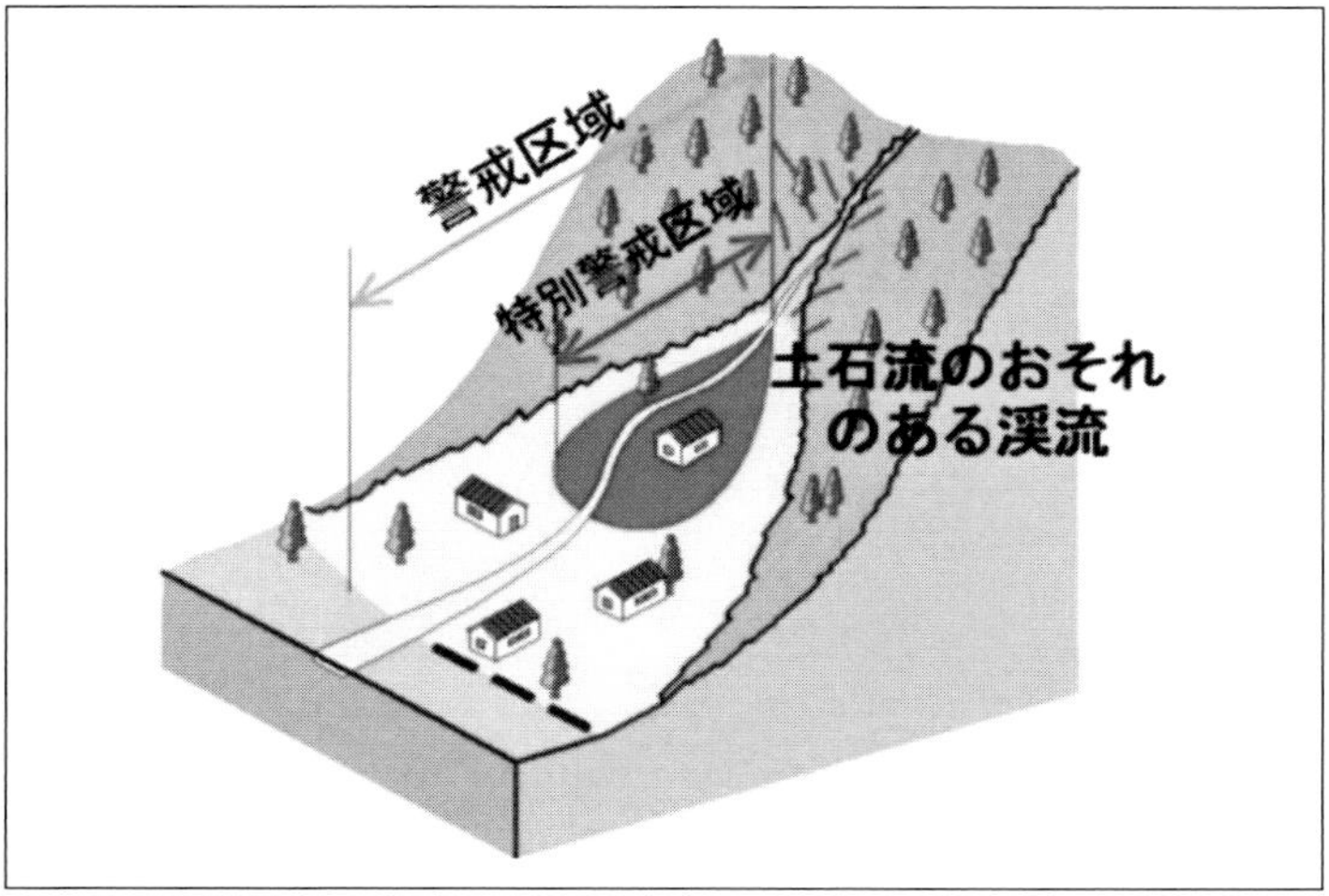


出典：国土交通省

に関する事項の住民への周知」が求められる。ここで言う急傾斜地とは「急傾斜地の崩壊による災害の防止に関する法律」（通称　急傾斜地法）により指定された区域で「崩壊により相当数の居住者等に危害が生じるおそれのあるところ、及びこれに隣接する土地のうち急傾斜地の崩壊を助長し、又は誘発するおそれのある山で次の基準すべてに該当するもの」である。

**【急傾斜地崩壊危険区域・指定基準（目安）】**

**●急斜度30度以上のもの**
**●斜面の高さ5メートル以上のもの**
**●人家が5戸以上のもの（5戸未満であっても、官公署、学校、病院、旅館などに危害が生じるおそれがあるもの）**

都道府県知事が指定する場合、市区町村長の意見を聴き都道府県広報に掲載して公示し、市区町村長に通知することになっている。土砂災害警戒区域（イエローゾーン）、特別警戒区域（レッドゾーン）は主にこの「急傾斜地崩壊危険区域」から指定されることが多い。自宅がある地域のイエローゾーン、レッドゾーン指定の有無は、都道府県のホームページに掲載されているので確認しておくとよい。

土砂災害防止法が施行されて15年目、2014(平成26)年8月20日の早朝、午前4時ごろあるテレビ局からの電話で起こされた。広島の大雨で大規模な土砂災害が発生したとの一報だった。直ちにカメラクルーと共に羽田空港から広島に飛んだ。すでに雨は上がって曇っていたが、現場は泥と濁流に覆われていた。中継の前に全体を把握しようと、系列局が手配したヘリで上空から俯瞰した。眼下には太田川と阿武山《あぶさん》(標高586メートル)が見える。緑に覆われた阿武山麓の斜面50カ所以上に大きな爪でひっかいたような土石流の痕跡が見える。その麓下の斜面に開発された住宅街は真っ茶色の濁流と土砂で埋まっていた。

その土砂水は県道とJR可部線を呑み込んで太田川へと流下していた。前述した1999(平成11)年の「6・29広島豪雨災害」で被害を受けた地域でも、再び被災しているところがあった。あの時も現場に入っていたので、前回の土砂災害を機に定められた土砂災害防止法は機能していなかったのだろうかと疑問に思った。

土砂災害で犠牲者を出した某地域を後で調べると、県は土砂災害警戒区域に指定すべく住民説明会を行ったが「地価が下がる」「賃貸住宅の借り手がなくなる」などの反対意見が続出して指定に至らず、継続調整事案になっていたという。不動産取引の際の、重要事項説明義務項目にあたるので、風評や地価の評価など不動産価値に悪影響が及ぶと懸念するのは当然である。

しかし、**警戒区域に指定される場所は過去にも災害が発生しており、危険区域として公表さ**

**れている場合が多く、すでに地価などには反映済みのため、指定が引き金となって不動再価格が下落するケースはあまりない。**それより、住民自身がもっと危機意識を持つべきだと、土砂に埋まった現場に立ってつくづく思う。このように同じ地域で同じような災害が繰り返されることに無力感を感じる。この土砂災害では死者77人、全半壊家屋２５５棟、床上浸水１３０１棟、床下浸水２８２８棟という大きな被害をもたらした。

## 3　地震と思ったら、土石流だった

「２０１４年広島土砂災害」を引き起こした一番の要因は線状降水帯による大雨である。広島市は瀬戸内海式気候と言われ、例年８月の降水量は少ない地域だが、その年の西日本は広い範囲で月平均降水量の２倍を超える雨が降った。とくに7月～8月には台風12号、11号通過後から発達した秋雨前線が停滞し、そこへ暖かく湿った空気が流入して各地で集中豪雨を発生させた。８月19日から20日にかけ４本の積乱雲の列が約10～40キロ離れた状態で発生していた。

それらが発達して隣接積乱雲と合体しながら広島市を通過する時には幅15キロ、長さ１００キロの線状降水帯となって、被害の多かった安佐北区《あさきた》などに３時間雨量２００ミリの大雨を降らせた。それまでの長雨と風雨が強く吹きつけた阿武山斜面は保水力・支持力を大幅に超えた真砂土《まさど》を含む岩石が一気に崩れ落ち、渓流沿いに土石流となって街を襲った。**被害が多かった地域を上空から俯瞰してみると、15年前の災害時に訪れた時よりも山に向かって這《は》い登るように急斜面に住宅が建築され、密集住宅街が形成されていた。その斜面都市を大雨と土石流が襲った（㊺図）。**

**「夜中の雷は大雨と一緒に来る」。**

**これはこの時の広島土砂災害で九死に一生を得た体験者の話である。**「夜中にカミナリが鳴り、連続で光とバリバリという音を発し、雨も次第に強くなっていった。とても眠れるものではなく、2階の窓から何度も外を見ていたが、川の水があふれそうになっていたので、水が家

**㊺図　2014年広島土砂災害**

広島上空・ヘリにて／撮影：筆者

の中に入ってきたらいけないので『2階へ布団を敷いてあげるけぇ2階で寝とけー』と指示を出した。これは『いつもと違うぞ！』と感じたのが正直な気持ちであった。

確か20日の2時半だったと思う。（中略）強烈な音と揺れ、思わず地震だと洋服ダンスを支えに立ち、（中略）妻は携帯電話で119番をかけているが全然つながらない。（中略）私がベランダで懐中電灯を照らしながら、**家の左前方を見た時、我が眼を疑う光景が目に入った。『家がない！』それは今までの光景と違って、あるべきところの家がなくなっている。それも、1軒どころではなく、何軒も土砂で流されていたのである。**これは、大変なことが起きた。と言って、暗闇の中を外へ逃げだすことはできない。夜が明けるのを待つしかなかった。（中略）我が家の1階は土砂で全滅状態であった。もし、あの時2階に上がるのが数分、いや数秒でも遅れていたら大変なことになっていた。（以下略）」。

40代の女性は、「（略）まさか、こんなことが私の目の前で起こるとは、信じたくなかったが、その時は『家が流される』と思った。子供たちを起こして逃げないと！という思いだけで、寝ていた高3の娘を急いで起こし、主人と次男と長女と私と4人で、隣の主人の母の家の2階へ避難した。母の家は道路から離れて小高かったので、『流されることは無いだろう』と言う主人の意見でそちらの2階からずっと外の様子を伺っていた。（略）『人の声がする』と家族の誰かが言った。

『おーい！　おーい！』という声が流れて来る。ゴーという水の音と一緒に聞こえてきた。ちょうどうちの前の道路で何かに摑まっておられたのか？　挟まれておられたのか？　わからないが老人の男性の方が、上のどこからか流されて来られていた。主人が『助けに行かんといけん！』と言ったが、こんな状態で行ったら、一緒に主人も流されてしまう、と思い止まらせた。子供たちも『行ったらいけんよ、父さんまで流される』と言った」。

大雨の中、地獄のようなドラマが各所で繰り広げられていた。避難情報が聞こえないところもあったが、一部では避難勧告が出されても「ここは大丈夫だ」と思って避難せず、土石流に流された人もいた。住んでいる場所が土砂災害の警戒区域だとは知らなかった人もいる。**土砂災害防止法を制定するときのキャッチフレーズは土砂災害による犠牲者ゼロを目指し「行政の知らせる努力、住民の知る努力」**であった。自宅の地勢的リスクをもう一度確かめてほしい。そして、危険区域は明るいうちに念のための避難が大切である。

## 4　土砂災害の予兆現象と蛇抜けの碑

「木曽路はすべて山の中である」。『夜明け前』（島崎藤村著）の書き出しである。その舞台と

**なった中山道・妻籠《つまご》宿で知られる長野県南木曽町《なぎそまち》に大雨が降った。**２０１４年台風８号の中心は九州の西をゆっくり北上し、まだ１０００キロ以上離れていたが、アウターレインバンドの発達した雨雲が長野県等に大雨を降らせた。

１時間雨量70ミリ、２時間雨量は１００～１２０ミリを観測している。とくに土石流が発生する７月９日午後５時40分の直前、午後５時30分までの１時間に約90ミリという猛烈な雨が降った。その前からの長雨と集中豪雨によって、木曽三山のひとつ南木曽岳（１６７７メートル）の西側斜面の木曽川に注ぐ梨子沢《なしざわ》の斜面が崩壊。大量の土砂が流れ込み土石流となって南木曽町の住宅街を襲った。ゆるくカーブしたところにあった家が流され、留守番の中学生が死亡する。

翌日現場に入った。数トンもあるような岩石や流木が土砂に交じって沢の両側を埋めていた。地元の人に聞くと**「土石流が起きる直前に梨子沢に行ったら、大雨なのに水が少ししか流れていない。それを見て危ないと思って家族と避難して助かった」**と言う。そのあとすぐ、真っ黒な土石流が地響きを立てて両岸の家を押し流したそうだ。この地域は南木曽岳などの山に囲まれ木曽川沿い（中山道沿い）に発展してきた古い街で、土砂災害が繰り返し発生している。取材を進めるうち、桃介橋西側に「蛇ぬけの碑」という石碑を見つけた。その碑（㊻図）には

**白い雨が降るとぬける**

**尾先 谷口 宮の前 雨に風が加わると危ない**

## 長雨後、谷の水が急に止まったら抜ける

## 蛇ぬけの水は黒い

## 蛇ぬけの前にはきな臭い匂いがする

この碑は犠牲者を悼み、そして土砂災害の予兆現象を後世に伝えるためにつくられたものだそうだ。1953(昭和28)年7月20日、活発な梅雨前線が本州に停滞。1時間に50ミリを超える激しい雨が降り、辺りが白っぽく見えた(大きな雨粒が落下するとき、空気の抵抗を受け、しぶきを上げるため白い雨のように見える)。沢近くに家を新築した土地の人が、傘をさして沢を見に行ったところ、流れが止まっていたので大急ぎで家に戻り、妻と2人の幼児を引きずるように外へ飛び出した。

その直後、家は土石流に呑み込まれた。同日午前8時ごろ、始業直前の読書《よみかき》中学校(現・南

㊻図　蛇ぬけの碑

長野県南木曽町 桃介橋脇/撮影:筆者

木曽中学校）を「伊勢小屋沢の蛇抜け」が襲った。学校近くでは、教員住宅にいた新婚の教師が、沢の水流が止まったことに気づいた。妻を校舎に避難させようと手を取り合った時、家もろとも土石流に押し流され、妻は遺体となって発見された。教師の奥さんほか犠牲者2人の死を悼み、教訓を忘れないようにと土石流災害から10年目に建立されたのが「蛇ぬけの碑」である。

碑文は先人が後世にどうしても伝えたかった土石流の予兆現象が書かれている。前述の住民は**「長雨後、谷の水が止まったから抜ける」と察知し、いち早く避難して助かっている。「抜ける」とは土石流発生を表す言葉。大雨が降っているのに川や沢の水が少なくなったら、上流で崩れた土砂などによる天然ダムができている場合があり、そのダムが崩れ土石流となって一気に流下する危険性がある。また、ここで言う「蛇抜け」の「蛇」は土石流のことを指す。全国の土砂災害多発地区では、土石流のことを「蛇」「竜」、崖崩れを「蛇崩れ」など、蛇になぞらえているところが多い。**

岩手県にも大蛇《だいじゃ》の話が伝わっている。『大船渡市史』には「末崎町《まっさきちょう》作沢部落の奥に『蛇走り山』という裸山《はだかやま》がある。ある年の秋、大暴風雨が七日七晩続き、山津波が起きた。鶏が一斉に鳴き、大きな竹林が動き始めたが、ものすごい大蛇が竹林の土塊を背負って走り出すのが見えた。竹林は止まり、大蛇のみが島崎方面へ走ったという。これを見た人が弓矢を手に葦毛の馬にまたがって追ったが追いつかなかった。大蛇は小友《おとも》の『みんぜん浜』から海に入った。これより小友の浜を『蛇が崎』と呼ぶようになった」（第四巻 民族編）とある。

「2014年広島土砂災害」で大きな被害を受けた八木地区の裏山には昔、八木城という山城があったそうだ。その地域には「天文《てんぶん》のころ（1532~1554年）、八木城で武勇に優れた香川勝雄という武士が、阿武山に籠り、里人を悩ませていた大蛇を退治し大蛇の首を社《やしろ》に、胴と尾は梅林に埋めた」という伝説が残っていた。広島土砂災害で被害の多かった地域は昔「蛇落地悪谷《じゃらくちあしや》」とも呼ばれていたそうだ。その地名が今は「芦屋」になったとも言われる。大蛇というのも土石流を示唆した言葉である。また現在でも長野県南木曽町には蛇抜沢、押出沢、蛇抜橋などの過去の災害を物語る地名が数多く残っており南木曽町の蛇抜けの碑が建立されたのも、土石流の教訓を残すためだった。そのきっかけは、2014年の土石流災害の60年前に遡る。

そのほかにも、岐阜県高山市には「土砂災害の前に、雷のような大きな音がする」という言い伝えがある。地域に伝承されている諺や格言を確認して、早期避難に役立ててほしいものである。土砂災害の前に必ず予兆現象があるとは限らないが、中山間地ではひとつの目安としても知っておく必要がある（**防災ひと口メモ⑩**）。

**㊼図　「じゃぬけの碑」案内板**

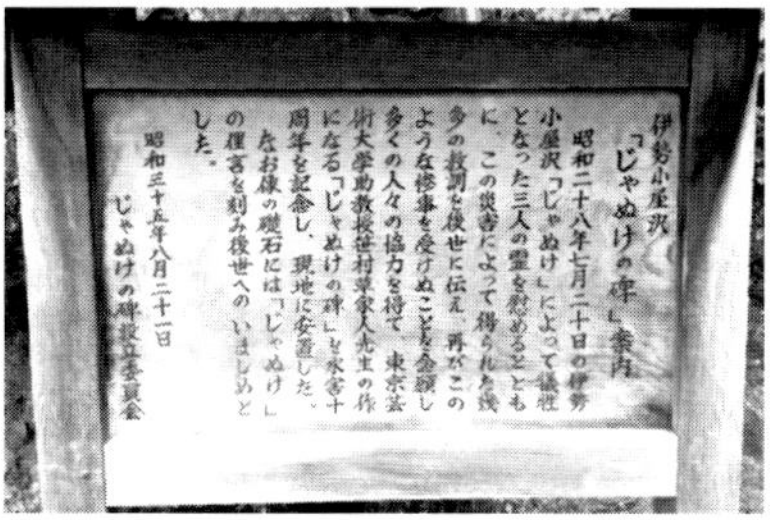

長野県南木曽町／撮影：筆者

防災ひと口メモ　10

## 土砂災害の主な予兆現象

- 腐った土の匂いがする
- がけに亀裂ができたり、小石が落ちてきたり、斜面から水が噴き出す
- 樹木が傾いたり、根切れの音や地鳴り・山鳴りがする
- 斜面がはらみだす
- 渓流や湧水が止まったり、井戸や沢の水が濁ったりする
- 渓流付近の斜面が崩れだす（土砂の流出）
- 地面にひび割れ、陥没や隆起が見える
- 池や井戸の水が噴き出す
- 池、沼、田んぼの水が急減する
- 地面や壁に亀裂や段差が発生する
- 建物が傾いたり、家の中の建具が動きにくくなったりする
- 家がミシミシと音を立てる
- 川の水が急に濁り、流木や枯れ葉が混ざり始める
- 降雨が続くのに川の水位が急に下がる
- 石がぶつかり合うような音が聞こえる
- 地面が揺れたり、地響きが聞こえたりする

※予兆現象が必ず起きるとは限らない。避難情報や危険と思ったら直ちに避難する

土砂災害は道路を寸断することも多く、山間部の集落の住民にとっては大きな脅威となる

# 第七章

# 避難について

# 1 避難情報の正しい知識

「避難準備・高齢者等避難開始」、「避難勧告」、「避難指示（緊急）」と、避難情報は3種類である。ちなみに注意報、警報、特別警報などの防災気象情報を発出するのは気象庁であり、気象情報は発令でなく「発表」という。避難のための立ち退きの準備その他の措置などの避難情報を「発令」することができるのは市区町村長である（災害対策基本法第56条）。

避難情報が発令された時の行動については、避難勧告等に関するガイドライン（避難行動・情報伝達編）に定められている。ただ、大雨などの時にテレビで発表される際には「避難準備・高齢者等避難開始」とか「警戒レベル3」などと発表される。それを聞いた人は、「高齢者は避難を開始して、それ以外の人は避難の準備をすればいいという情報」だと思ってしまう。市区町村が送ってくる防災メールにもほぼ同じ表現になっていることが多い。

しかし、この**避難準備・高齢者避難開始情報は、「土砂災害の危険性がある区域（土砂災害警戒区域等）や、急激な水位上昇のおそれがある川沿いでは、避難準備が整い次第立ち退き避難して下さい。その他の人は避難の準備をしてください」という情報も含まれている。**つまり、「レベル4の全員避難」の情報を待たないで危険区域の人は「避難準備」という情報で避難を開始するようにと言っているのだ。テレビではそこまで詳しく説明しないので、「準備情報だから準備すればいいのだろう」と逃げ遅れる人が出てしまう。避難情報の意味を正しく伝えることが極めて重要である。

そして、さらに避難情報を分かりにくくしているのが「水害、土砂災害に係る5段階警戒レベル」である。これは「2018年7月豪雨（西日本豪雨）による水害・土砂災害からの避難に関するワーキンググループ」が2018（平成30）年12月にまとめた報告書で、防災気象情報等と市区町村が発令する避難勧告等の避難情報の連携を図るとして、2019（令和元）年から運用が開始されたのが5段階警戒レベルである（㊽図）。

**㊽図　大雨・土砂災害5段階警戒レベル**

| 危険度 | 警戒レベル | 避難情報など | 避難行動（とるべき行動） |
|---|---|---|---|
| 大 | 警戒レベル5〔市が発令〕 | 災害発生情報 | 既に災害が発生しています。命を守るための最善の行動をとりましょう。 |
| | 警戒レベル4〔市が発令〕 | 避難勧告・※避難指示(緊急) | 速やかに避難しましょう。避難先までの移動が危険と思われる場合は、近くの安全な場所への避難や、自宅内のより安全な場所に避難しましょう。 |
| | | ※避難指示（緊急）は、地域の状況に応じて緊急的又は重ねて避難を促す場合などに発令されるため、必ず発令されるものではありません。避難勧告が発令された段階で避難をしましょう。 | |
| | 警戒レベル3〔市が発令〕 | 避難準備・高齢者等避難開始 | 避難に時間を要する人（ご高齢の方、障害のある方、乳幼児等）とその支援者は避難をしましょう。その他の人は、避難の準備を整えましょう。 |
| | 警戒レベル2〔気象庁が発表〕 | 大雨注意報・洪水注意報 | 避難に備え、ハザードマップ等により、自らの避難行動を確認しましょう。 |
| 小 | 警戒レベル1〔気象庁が発表〕 | 早期注意情報（警報級の可能性） | 今後、大雨警報などが発表される可能性があります。災害への心構えを高めましょう。 |

出典：気象庁

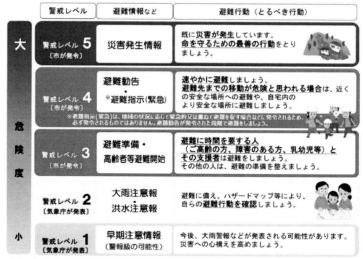

従来は避難勧告と避難指示は別の発令基準だったが、5段階警戒レベルの運用開始以降は「警戒レベル4」の中に両方が一緒のカテゴリーに入っている。この分かりにくさだと、いずれまた改正せざるを得ない。いろいろ問題・課題・矛盾はあるが、とりあえずこれで運用されているので、現状を踏まえて対応するしかない。ただ、こうしたわかりにくい避難情報でさえ、常に適切に発令されるとは限らないので、危険と判断したら自らの決断で命を守る行動を取るべきである。

## 1）避難情報と警戒レベル

**①避難準備・高齢者等避難開始（警戒レベル3）**

●避難に時間のかかる要配慮者とその支援者は立ち退き避難する。

●その他の人は立ち退き避難の準備を整えるとともに、以後の防災気象情報、水位情報等に注意を払い、自発的に避難を開始することが望ましい。

●特に、突発性が高く予測が困難な土砂災害の危険性がある区域や、急激な水位上昇のおそれがある河川沿いでは、避難準備が整い次第、当該災害に対応した指定緊急避難場所へ立ち退き避難することが強く望まれる。

**②避難勧告（警戒レベル4・全員避難）**

●指定緊急避難場所等への立ち退き避難を基本とする避難行動をとる。
●予想される災害に対応した指定緊急避難所へ速《すみ》やかに立ち退き避難する。
●指定緊急避難場所への立ち退き避難はかえって命の危険を及ぼしかねないと自ら判断する場合には、「近隣の安全な場所」への避難や、少しでも命が助かる可能性の高い避難行動として「屋内安全確保」を行う。

**③避難指示（緊急）（警戒レベル4・全員避難）**

●災害が発生するおそれが極めて高い状況となっており、緊急に避難する。
●指定緊急避難所への立ち退き避難に限らず、「近隣の安全な場所」への避難や、少しでも命が助かる可能性の高い避難行動として「屋内安全確保」を行う。
●避難指示（緊急）は、地域の状況に応じて緊急的または重ねて避難を促す場合などに発令されるものであり、必ず発令されるものではないことに留意する。

**④災害発生情報（警戒レベル5）**

●既に災害が発生している状況であり、命を守るための最善の行動をとる。
●市区町村が災害発生を確実に把握できるとは限らず、災害が発生した場合に必ず発令されるものではないことに留意する。

ここで言う「立ち退き避難」とは、危険区域内にある自宅から立ち退いて、指定緊急避難場

**所などへ水平避難である。また「近隣の安全な場所」とは、指定緊急避難場所ではないが近隣のより安全な場所・建物等を指し、「屋内安全確保」とは、今いる建物内の、より安全な部屋等への垂直避難のことである。**

とくに突発災害の場合、市区町村長からの避難勧告等の発令が間に合わないこともあるため、自ら避難の必要性を意識するとともに、身の危険を感じたら躊躇なく自発的に避難する。洪水や土砂災害だけでなく、津波のおそれがある地域にいる時や海沿いや川沿いにいる時、地震の強い揺れ、または長時間ゆっくりとした揺れを感じた場合、津波警報等や避難指示（緊急）の発令を待たず、自発的に立ち退き避難をすることが大切である。

## 2) 「正常性バイアス」で逃げ遅れる

２０１８（平成30）年７月に発生した「西日本豪雨」の直後に筆者は現地に入った。そこは２０１４（平成26）年８月の広島土砂災害で大きな被害を受けた地域に隣接する安佐北区《あさきた》であった。広島市の北部に位置する人口約14万６０００人の山間地に近い自然環境に恵まれた地域である。口田《くちた》南地区は１００メートルほどの高さから山肌がむき出しになっていた。崩れた土砂が斜面を土石流となって流れ下り、谷あいの下にある住宅街の真ん中を突き抜けて行った。巨岩と流木の太いものは優に１メートルを超え、長さ20メートルを超えるものまである。巨岩と流木と土砂が家を破壊し、逃げ遅れた3人が犠牲になったという。

1階に土砂が流れ込んだが、2階に避難してかろうじて助かったという60代の男性は、**「4年前にも避難勧告が出たけど、その時はすぐ隣の地域で山が崩れたが、ここはほとんど被害がなかった。だから、今回も避難勧告が出たが、また大丈夫だと思っていたから避難しなかった。まさか、自分の家の裏山がこれほど崩れるとは夢にも思っていなかった」**と言う。そこは、土砂災害警戒区域に指定されていた所である。西日本豪雨で避難勧告や避難指示が出た地域の住民で、実際に避難した住民は約0・5パーセントしかいない。被災市区町村への調査でも住民の「自分は大丈夫」という意識の根強さがうかがえる。防災には死角がある。

その大部分は人の心に起因している。**ローマの英雄ユリウス・カエサルが「人間ならば誰にでも、現実のすべてが見えるわけではない。多くの人は、見たいと欲する現実しか見ていない」**（塩野七生著『ローマ人の物語』より）と喝破《かっぱ》したように、人は見たくないものは見ず、聴きたくない話は聴いても心に入らない。人間が心地良い感情への指向性という「感情バイアス」にとらわれる性情は、紀元前からあまり変わっていないのかもしれない。

土砂災害警戒区域に指定されていて、市区町村から「避難指示」「避難勧告」が発令されたのを知っていても、そのリスクを軽視したり無視したりする「正常性バイアス」（㊾図）によることが多い。**正常性バイアスは正常性の偏見とも言うが、本当は心を守る安全弁でもある。**

**小さな出来事にびくびくしていては神経が持たない。そこで、影響が少ないと判断した事象は、これは正常の範囲内として過剰反応を抑制し心の安定を図ろうとする心理的傾向である。**それが行き過ぎると、危険が切迫していてもまだ正常の範囲内とリスクを過小評価し逃げ遅れてしまうのである。

洪水や土砂災害のおそれがあるので避難して下さいと告げられても、安穏《あんのん》なくつろいだ空間から夜の闇や大雨の中に出て、避難所まで歩くにはかなりの決意とエネルギーが要る。避難行動を起こすための肉体的負担感や面倒くささが心に芽生え、できれば避難しないで済ませたいとの願望がよぎる。一方で、避難勧告や避難指示が発令されているのに自分が避難しないことへの後ろめたさや罪悪感がある。そのギャップを埋めるのが正常性バイアスなのである（㊾図）。「まだ大丈夫だろう」「まだ正常の範囲」「今まで大丈夫だったから、今度も大丈夫だろう」などと、合理性も根拠もないバイアスで不安を打ち消し、心のギャップを埋め自分に都合よく認知することで安心を得ようとする。「前回も避難勧告が発令されたが、あの時もこの辺で土砂災害は起きなかった」と、自分に都合のいい情報の欠片《かけら》を組み合わせて自分の行動を正当化し、結果として逃げ遅れるのだ。**面倒なことより楽な方を選ぶのは仕方ないことではある。だが、それでは自分や家族の命を危険にさらす破目になる（防災ひと口メモ⑪）。**

こうした考え方や心理バイアスを払拭するのは極めて難しい。本来は、ハザードマップなど

**㊾図　正常性バイアス**

出典：防災システム研究所

**㊿図　平成30年7月豪雨（西日本豪雨）の被災地**

岡山県真備町／撮影：筆者

で自宅の地勢的リスクを正確に把握し、大雨が降れば自分や家族の命が危うくなるかもしれない場所に住んでいるのだと正しく認知しておくことが先決である。しかるに、今まで大丈夫だったからこれからも大丈夫だと思いこむのは極めて危険である。今は、過去にない大雨が当たり前のように降る時代である。過去あまり降っていない地域を集中豪雨が襲う時代になったという認識も必要である。過去の常識で物事を判断していると、取り返しのつかないことになる。

**正常性バイアスを払拭する方法がある。避難すべきかどうか判断に迷った時に「いま自分は正常性バイアスに陥っていないか、自分に都合よく考えていないか、リスクを軽視していないか」と自問自省《じせい》するのである。**自問自省すると、正常性バイアスの呪縛から解かれる確率が高いと言われている。自分や家族のために正常性バイアスの罠にかからないようにするのも自分自身でしかない。西日本豪雨で被害の多かった広島市安佐北区、安佐南区、佐伯区で避難指示が発令されても避難しなかった96人の聞き取り調査の結果――。

**【避難しなかった理由】**

**●避難場所および避難場所までの経路が危険と思ったから（18人）**
**●状況から、避難の必要がないと判断したから（17人）**
**●自宅のほうが安全と思ったから（15人）**

●本人または同居人が、移動または避難所での滞在は困難だと思ったから（10人）
●近所の人が避難しないから（9人）
●ペット同行での避難を懸念したから（8人）
●避難勧告や避難指示が出たことを知らなかったから（7人）
●市が開設する避難場所が遠いから（6人）
●誰からも避難を勧められなかったから（3人）
●既に屋外への移動が困難になっていたから（3人）

発災時や災害が迫っている場合、最悪を想定して判断し行動するために、普段から心の準備が必要である。避難しなかったらどうなるか？　逃げ遅れて命を失ってからでは遅い。念のために避難したほうがいいのでは？　いま自分は正常性バイアスの呪縛にとらわれていないか？　訓練と思って早めに避難しよう、訓練だと思えば、たとえ空振りだったとしても無駄にはならないのでは？　このように自問自省する習慣をつけておくことをお勧めする。

### 3) 避難のきっかけ

繰り返すが、災害対策基本法でいう避難には「立ち退き避難」と「屋内安全確保」がある。

**立ち退き避難は、自宅などから立ち退いて指定緊急避難場所や知人・親戚宅などへ避難することで、それを「水平避難」とも呼ぶ。屋内安全確保は、立退き避難は危険と判断したり、避難場所に避難するより自宅のほうが安全と判断できた場合に、斜面から離れた2階の部屋で安全確保することで、「垂直避難」とも呼ぶ。**

では、実際の災害発生時に避難場所などに避難したのはどんな理由やきっかけだったかを調べてみよう。

「2018年7月豪雨」（西日本豪雨）で避難所等に避難した人のアンケート調査結果がいくつかあるが、避難の決め手の傾向が見て取れる。NHKの調査では、周辺の環境変化33・5パーセント、人からの声掛け・近隣住民の避難31・8パーセント、避難勧告・指示等の発令11・9

**51図　立ち退き避難（水平避難）と屋内安全確保（垂直避難）**

出典：防災システム研究所

パーセント。広島市の調査でも、周辺の環境変化28・9パーセント、近くの人からの声掛け・近隣住民の避難22・7パーセント、避難勧告・指示等の発令13・2パーセント。神戸新聞の調べ（複数回答）でもその傾向は変わらず、周辺の環境変化47・1パーセント、近くの人からの声掛け・近隣住民の避難37・3パーセント、避難勧告・避難指示等の発令5・7パーセントとなっている。

住民が避難行動を起こしたきっかけを見ると、1位が大雨の降り方や冠水の状況など、周囲の環境変化を自分の眼で見て避難すべきと判断したことになったのは当然だと思う。しかし、驚いたのは市区町村から発令される避難勧告・指示の防災無線などの連絡を押さえて、「人からの声掛け・近隣住民の避難」が避難のきっかけ

**52図　避難のきっかけは「近所の声かけ」が一番**

静岡県沼津市 防災井戸端会議／撮影：筆者

の第2位だったことである。大雨や嵐の最中は避難勧告などの防災行政無線が聞こえない場合もあるし、情報が届きにくいこともあるので一概には言えないが、近くの人に声掛けされて、あるいは隣人たちの行動を見て避難する人のほうが多いことに注目すべきである。

**「人の振り見て、我が振り直せ」**。前述の広島土砂災害現場の住民も、避難勧告が出たのは知っていたが避難していない。避難勧告・指示よりも隣人の行動や人からの声掛けのほうが多く行動のきっかけになっている背景には、多数派同調性バイアス（集団同調性バイアスとも言う）があったと思われる。この場合は避難を促進した認知心理バイアスの一面。

**突然予期せぬ出来事が発生した時、発生現場の周囲にいる多くの人がどんな行動をとるかで自分の行動を判断（同調）しようとする心理的傾向を多数派同調性バイアスと言う**。経験したことのない出来事や、すぐに判断できない物事には周囲の人と同じ行動を取っておく方が安全と考える。だから、みんなが逃げれば自分も逃げるし、みんなが逃げなければまだ安全なのだろうと逃げないのである。もしかしたら、周囲の人も自分と同じように様子見をし合っているのかもしれないし、その判断には科学的根拠や合理性はないのかもしれない。それでも周囲で多数の人がとる行動に左右されてしまう。さらには、自分だけがほかの人と異なる行動をとることへのためらいや抵抗感もある。空気を読みチームワークを大切にする。それも多数派同調性バイアスである。**一方で「集団愚行（集団浅慮ともいう）」という言葉もある。集団や多数**

**の人の行動が必ずしも正しいとは限らない。しかし、群れで生きてきた人類のＤＮＡのなせる業《わざ》か、自分の行動を自分で決めるより、集団の志向に重きを置き同調するほうが心の安穏が得られるのである。集団でなくても、隣人からの声掛けも同じである。コミュニティという集団の一員である隣人に声を掛けられると、それを無下《むげ》にはできない。せっかく声をかけてくれたのだからと、自分も同調し、一緒に避難しようとする。とくに日本人は律義で、集団の発する空気やチームワークを人一倍大事にする国民なのかもしれない。**

東日本大震災の時もそうであった。東北３県を対象にした内閣府の調査によると、避難のきっかけとなったのは、大きな揺れなので津波が来ると思ったから48パーセント、家族または近所の人が避難しようと言ったから、もしくは近所の人が避難していたから35パーセント、津波警報を見聞きしたから16パーセントとなっている。津波常襲地帯の住民は「地震＝津波＝高台避難」は繰り返し周知され訓練もしていた。だから大揺れですぐ津波を思い浮かべて日頃の訓練通り避難した人が半数近くいた。そして、西日本豪雨のアンケートと同じように防災無線の避難情報や津波警報よりも、近所の人の声掛けや行動を見て多くの人が決断し行動している。

こうした認知心理バイアスを利活用して、避難率を上げる仕組をつくることが重要である。

西日本豪雨で被害が多かった広島市の土砂災害警戒区域内で避難指示の対象人数27万２９６１人のうち、避難所に避難したのは９２２４人（3・4パーセント）に過ぎなかった。そんな中で、広島県南西部、広島市と呉市の間に位置する安芸郡坂町（人口1万２６１２人）。国土交通省のデータによると、その坂町の総頭《そうず》川流域における住民１０７人の避難率は45パーセントに上り、広島県内でも突出して高い避難率であった。主な避難先を見てみると、町が開設した避難場所14パーセント、親戚・知人宅11パーセント、自宅以外のその他の建物9パーセント、自宅の上階7パーセントだった。なぜこれほど避難率が高かったかというと、この地域は自治体と連携した自主防災組織の活動が機能したからである。普段から熱心に防災訓練を行っていたことに加えて、避難の呼び掛けや避難所運営なども訓練に取り入れていた。

西日本豪雨時も、**町役場からの避難準備・高齢者等避難開始情報を受けた自主防災組織の役員たちが、戸別訪問などで避難を呼びかけた。町の担当者と自主防災組織の役員は、「避難勧告や避難指示が出てからでは遅すぎる、道路冠水などで避難できない可能性がある。早い段階でないとみんな避難できない。訓練で手順を確認していたことが役に立った」と述べている。避難勧告、避難指示が出ても避難しない人が多い中で、出てからでは間に合わないからと避難準備情報の段階で声を掛けて回り、避難の徹底を図った坂町の自主防災組織。素晴らしいコミュニティである。**防災無線で呼び掛けても避難する人は少ないが、近隣の顔見知りの人から避難するように言われると、みんな抵抗なく行動を起こす。

それに、暴風雨になって身動き取れない状況や夜間になってから避難しろと言われても避難できるはずもない。明るいうちの「避難準備・高齢者等避難開始情報」の段階で呼び掛けたことが功を奏した。こうした成功事例を参考に、地域ごとに防災隣組を結成し、災害時の声掛けルールをつくるなど、迅速避難体制の仕組を構築すべきである。

## 4）土砂災害でも死傷者ゼロ（成功事例）

「2018年7月豪雨」の折、東広島市黒瀬町・洋国《ようこく》団地の土砂災害現場に行った。広島駅から約28キロの小高い場所に、戸建て住宅が立ち並ぶその現場はあった。7月6日、団地の裏山斜面が崩壊。岩石を伴う土石流が大量の濁流と共に猛烈な勢いで沢沿いを流れ下った。土石流の直撃を受けた家や車両が無残に破壊されていた（㊸図）。

戸建て住宅49棟のうち、全半壊10棟、床上・床

**㊸図　平成30年西日本豪雨の住宅被災の様子**

洋国団地／撮影：筆者

下浸水11棟と、**全体の約半数の住宅が甚大被害を受けた。にもかかわらず、洋国団地の死傷者はゼロだった。**高齢者など、住民約100人のうち3分の1は前夜までに避難を完了し、残った人たちも自宅の2階へ上がる垂直避難で斜面の反対側の安全な部屋へ退避して無事であった。

それができたのは、この団地が実践してきた3つの取り組みが功を奏したと言われる。1つ目は「顔の見える防災組織の結成」。東広島市の場合、自主防災組織は小学校の学区単位で構成・組織するのが一般的だった。洋国団地一帯は市のハザードマップで「土石流被害想定箇所」に指定されていた。

そこで、洋国団地独自の自主防災組織を2015（平成27）年に立ち上げる。きっかけは、その前年に発生した「広島土砂災害」。避難したくても自力では避難できない高齢者などが多数犠牲になっていた。それに個人情報の壁もあった。広い範囲で組織しても地域ごとにリスク環境は異なる。大勢の住民が加盟していても、ほとんどは見知らぬ人たちである。身体の不自由な人たちの避難行動を支援しようとしても個別の身体能力に即した細やかな配慮は難しい。だからこそ、自主防災組織はあまり広範囲を対象に結成しないほうがいい。洋国団地のように50世帯100人程度であれば、ほとんどが顔見知りで、どこの誰かもわかっているので個人情報の名簿すら必要としない。**自主防災組織は顔の見える絆がないと役に立たない。**

2つ目は「**手助けしてもらう人と手助けする人の手助け担当者を決めたこと**」。洋国団地もご多分に漏れず高齢化が進み、住民の約４割が65歳以上で、足腰が悪い人や、障害のある人、基礎疾患を持っている人など、自力避難できない人が多かった。そのため洋国団地自主防災組織では、いざという時「手助けしてもらう人」に対応する「手助けする人」を担当者制にした。自主防災組織の中心的役割を果たしてきたOさん（75歳）は、民生委員の経験もある。Oさんら5人が要支援者の住民を受け持つことにして、どうやって避難させるかを予め定め、それを地図に落とし込んだ防災マップを作った。

土砂災害が起きてから避難させようとしても間に合わない。いざという時、消防、警察、自衛隊がすぐに駆けつけてくれるとは限らない。**土砂災害が起きるような状況だと、道路冠水や土石流で通行不能に陥るのは目に見えている。災害が発生する前のできるだけ早い段階で危険情報を察知し、早め早めに避難する・避難させるしかない。**

**「遠くの親戚より、近くの隣人」。助けることができるのは遠くの人ではなく、近くの人だけである。そして、助けを待つだけでなく、危険や不安を感じたら手助けしてもらう人からも要請や依頼ができる双方向性にした**ことも実践的であったし、助けてもらう人側の心理的負担を和らげる配慮もあった。４年前、２０１４年の広島土砂災害では周辺で被害が発生した所があったが洋国団地ではほとんど被害がなかった。

しかし、土砂災害の危険をはらんだ裏山が崩壊すれば「明日は我が身」と覚悟して、実践的な自主防災対策、個別の避難支援行動計画を立てた。

そして3つ目に、「住民の意識啓発を徹底したこと」が挙げられる。加えて避難訓練を年に2回実施していた。Oさんは、**手助けを担当する住民を訓練の度に介護ベルトで背負い、車に乗せて運んだりして、手助けしてもらう人とは顔なじみになっていた。また、全戸にハザードマップや緊急告知ラジオを配付、研修会を開き「洪水・土砂災害は早期避難に勝る対策なし」を繰り返し周知徹底した。**

その洋国団地が猛烈な大雨に見舞われたのは7月6日、早朝から激しい雨音につつまれた。「空襲みたいな雨の音じゃ」と、団地に暮らす女性（90）は戦時中を思い出し、背筋が寒くなった。女性の夫（83）は足や膝が悪く歩くのが不自由で、大雨の中、避難することは難しい。そこで女性は手助け担当者で訓練にも来てくれて顔なじみになっていたOさんに電話で「大雨が怖いけぇ、避難所につれてってください」と依頼する。

早速迎えに来てくれたOさんの車で約4キロ離れた市の保健福祉センターに避難した。足腰の悪い人たちは、2階建てに住んでいたとしても階段の上がり降りが難儀で、**ほとんどの高齢者が1階に寝ている。土砂災害で危険なのは1階、これまでの災害でも多くの人が1階で被災している。**大雨が収まるまで念のためにと、手助け担当者に助けられ洋国団地の住民約30人がセンターに避難して夜を明かした。

団地を土石流が襲ったのはその翌朝だった。午前5時半ごろ、団地横を流れる渓流の上流から地鳴りと共に土砂と濁流が団地に襲いかかった。直径5メートルもある巨岩や土砂で多くの住宅の1階が破壊され、ガレージの車はほとんど流されて土砂に埋まった。しかし、そのとき洋国団地では身体の不自由な人は避難を完了していた。自宅に残った人たちも訓練通り2階に避難していたため死傷者はゼロだった。安全・安心は準備に比例する。そして、その準備をするのも「人」、人を助けることができるのも「人」。遠くのみんなではなく顔の見える近くの人が助け合う「互近助《ごきんじょ》」なのである。

### 5）予防的避難所開設（自治体参考事例）

２０１２（平成24）年7月、気象庁は大雨、洪水、土砂災害に係る注意報・警報を繰り返した後、12日未明までに「記録的短時間大雨情報」を7回発表した。さらに12日午前6時41分、熊本と大分の両県に「これまでに経験したことのない大雨」というキャッチフレーズ警報を発表し、気象庁が抱く最大級の危機感をこめ、厳重な警戒を呼びかけた。このキャッチフレーズ警報は、前年9月に発生し、多くの犠牲者を出した和歌山・奈良豪雨災害を教訓として改められた大雨情報発表基準のひとつである。２０１２年6月27日運用開始後、この時にはじめて適用され発表された。

しかし、キャッチフレーズ警報が通知された熊本市には、その時点で「道路冠水情報」「河川氾濫水位情報」などとともに、市民から寄せられるおびただしい情報が殺到していた。そんな中で気象庁からの「これまでに経験したことのない……」を熊本市は、熊本県を通じ府県気象情報として受信。だが、気象庁が発出した最大級の危機感のこめられたその情報は大量のファックスの紙の山に埋もれてしまっていた。

発災時における自治体への防災情報集中は現場の混乱に拍車をかけ、避難勧告・指示などのタイミングや適切な判断を阻害している場合もある。発災時の情報はタイミングを失するとたちまち陳腐な情報に変わる。情報は緊急度、重要度で仕分けしなければ情報過多パニックに陥る。今後、すべての組織で「情報トリアージ」の仕組を構築し、緊急対応に役立てる必要がある。防災気象情報は日々進化している。従来は対象区域に降る雨の量だけを基準にして土砂災害への警戒を呼び掛けていたが、最近は降り続いた雨量や土の中に貯まっている水量を考慮した「土壌雨量指数」などで危険度をランク付けするようになった。

**地中に沁み込んだ雨水は地下水となり、時間をかけて徐々に川や海へ流れ出すため、土壌内に含まれる水分量はすぐには減らない。このため、何日も前から降り続いた雨が土壌中にどれだけ貯まっているかを見積もり、土砂災害の危険性を測るのが土壌雨量指数で、**そうしたデータを元に土砂災害警戒情報が出される。それもあって、最近はその的中率も上がっている。「2

018年7月豪雨」時、全国で発生した土砂災害のうち、人的被害（死者）が発生した53箇所すべてで発生前に土砂災害警戒情報が発表されていた。問題は発表のタイミングである。

「2012年九州北部豪雨」で死者・行方不明22人という甚大被害を出した熊本県阿蘇市の現場に入った。この地域は阿蘇カルデラの中で火砕流堆積物などにより、過去、大雨により繰り返し土砂災害に襲われてきた地域である。

11日～14日までの総降水量は阿蘇市乙姫地区で817ミリに達した。阿蘇市坂梨地区裏の山肌の一角が杉林と共に大きくえぐられ、土石流となって住宅を直撃していた（㊵図）。流下した土砂と流木は幅500メートルの扇状に広がっていた。

7月12日午前5時前、阿蘇市坂梨に住む主婦

**㊵図　平成24年7月・九州北部豪雨**

熊本県阿蘇市坂梨地区／撮影：筆者

Bさん（42）は、雷雨の中でかすかな横揺れを感じた。市職員の夫は大雨警報を受け市支所で待機中。Bさんは小中学生の子供2人と一緒に家にいた。家の前の道路はすでに流木交じりの濁流が流れていた。6時すぎ、Bさんが勤務先に「出勤できないかも」と連絡した直後、台所のガラス戸が割れ、濁流が入ってきた。慌てて3人で外へ飛び出し、近所の家に逃げ込んで一命をとりとめた。「揺れを感じて、すぐ逃げれば良かったのかもしれないが、警報の度《たび》に夫が出勤するのにも慣れ、逃げる考えがなかった」と言う。Bさん方《かた》の2軒上方のFさん（49）は自宅を跡形もなく流され、家族のうち4人と友人が死亡した。Fさんの奥さん（48）は約13時間後に救出されたものの、意識不明の重体だった。

Cさん（62）は、牛舎を見に出て土石流に襲われた。とっさに牛舎の2階へ通じるはしごを駆け上がり九死に一生を得た。車や牛は流されたが、母屋は無事。「あの時、下には逃げられないと思った。一瞬の出来事だった」と語る。土石流が襲う3時間前の午前1時40分、阿蘇市には土砂災害警戒情報が出されていた。そして阿蘇市が避難勧告を発令したのは午前4時。しかし、未明の、しかも大雨と雷の中、土砂災害警戒情報や避難勧告が出されても避難するのは不可能だったと思われる。避難勧告も土砂災害警戒情報も、やはり課題は出すタイミングと伝達方法である。

**夜間・大雨の中での避難情報の発令は意味をなさない、というより危険である。早めに自主**

**避難するにしても、避難勧告を出す直前でないと避難所は開設されないというジレンマがあった。そこで熊本県はこの土砂災害の後「予防的避難所開設」制度をつくった。**市区町村は避難勧告などを発令する前に避難所を開設しなければならないが、避難所を開設するには超過勤務手当など人件費や諸費用がかかる。規模の小さな自治体で災害が頻発すると予備費が底をつく。そのため、できれば避難所を開設したくないという不作為への意思が働く。

そうした実情を察知した熊本県は、夜間に大雨が降る可能性が高いと判断した時、明るいうちの「予防的避難所の開設」を奨励するよう県下の市区町村に通達。その際に発生する開設費用の大部分を県が負担するという仕組みである。それが活かされたのが九州北部豪雨の翌・２０１３（平成25）年６月20日の台風４号と大雨、６月25日～７月３日の大雨、および10月８日の台風24号が熊本を直撃した時で、阿蘇市など多くの市町村は夜間に大雨警報や土砂災害警戒情報が出される前に、昼間の明るいうちに予防的避難所を開設した。その結果、建物被害は多かったが人的被害は最小限に抑えられたという。

## 6）SNSで「助けて！」

ＳＮＳとは、ソーシャル・ネットワーキング・サービスの略。つまり、スマホや携帯電話、パソコンの通信回線を通じ、多くの仲間がネットワーク（通信網）を通じて会話ができるサービスである。**最近は災害時にＳＮＳを利用して救助を求める人が多くなっている。**２０１８（平成30）年７月の西日本豪雨のとき、大規模水害で51人が犠牲になった岡山県倉敷市真備町では、浸水して家に取り残された人などがツイッターで救助を求める投稿が多かった。「倉敷市真備町○○丁目○番地、大人２人、子供３人、住宅２階に取り残されています。助けてください！」。このような詳細住所を書いた投稿は、確認されたものだけで38件あった。

そのうちの１人で真備町から救助要請をツイートした17歳の女子高生は、住んでいた地域に避難指示が出された時、すでに家の前は水に浸かっていて避難できる状況ではなかったと言う。「どんどん水が流れてきて、家の２階に避難しました。『助けて！』と流される人の声が聞こ

**㊺図　助けを求めるSNS事例**

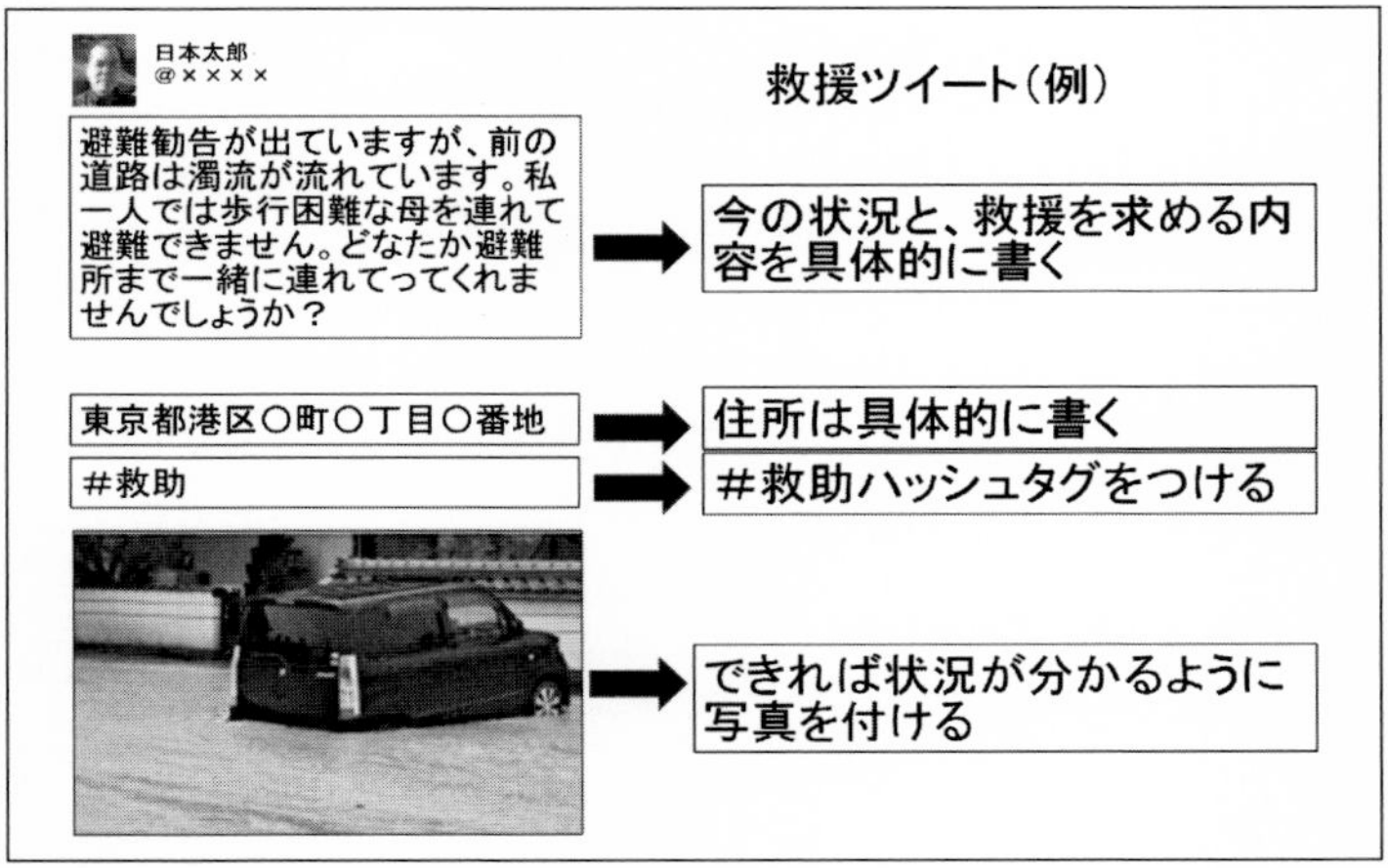


出典：防災システム研究所

えましたが、真っ暗で何も見えず、助けを求めている人に何もできなかった。もしかしたら自分も助からないかもしれないと、とても怖かったです。朝になってようやく電波が通じるようになってツイッターをみると、友人たちが救助要請のツイートをしていることに気づきました。家族や近所の人の助けを求めようと、私もツイートしました」。救助する人たちにもわかりやすいように、ツイートには住所も書いた。助けを求めて4時間ほどたった午後1時過ぎ、家族は全員無事に救助された。ツイッターが救助につながったのかどうかはわからないものの、無事救助されたことに感謝している。

住所を明記して救助を求めた38件のうち、20件は投稿した人たち自ら「救助されました」などの無事が報告されている。ツイートで住所を

**56図　平成30年7月豪雨時／倉敷市は公式アカウントで対応**

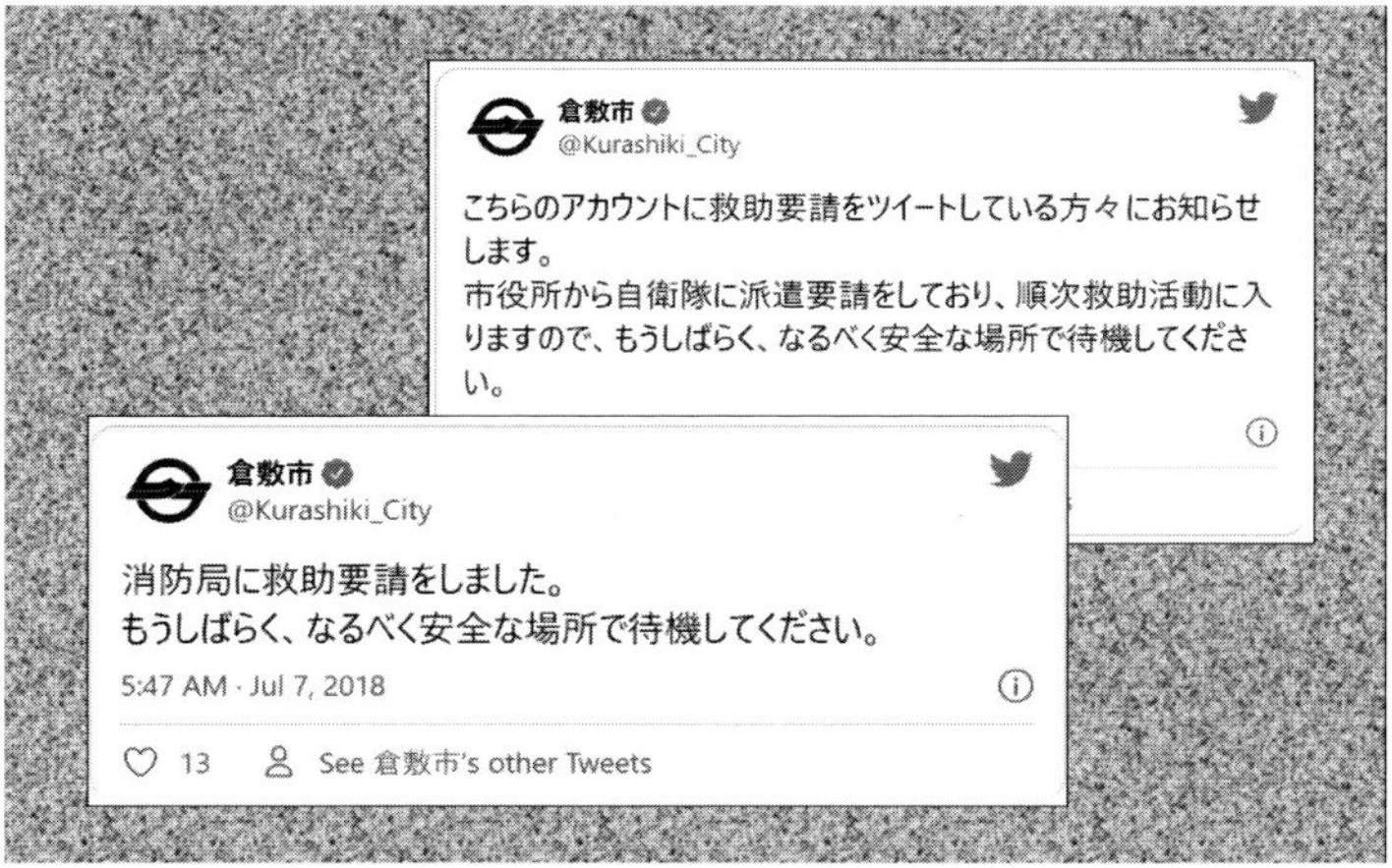
倉敷市
@Kurashiki_City
こちらのアカウントに救助要請をツイートしている方々にお知らせします。
市役所から自衛隊に派遣要請をしており、順次救助活動に入りますので、もうしばらく、なるべく安全な場所で待機してください。
倉敷市
@Kurashiki_City
消防局に救助要請をしました。
もうしばらく、なるべく安全な場所で待機してください。
5:47 AM · Jul 7, 2018
13
See 倉敷市's other Tweets

出典：倉敷市ホームページ

記して救助を要請した人の1人、30代の男性は、両親と3人暮らし。豪雨に襲われた7月6日夜は両親が寝室で寝ていて、男性は居間でサッカーのワールド・カップを見ていたそうだ。「そのうちスマホに避難情報が送られてきたので、両親に伝えましたが『大丈夫だろう』という感じで、すぐには避難しませんでした。しばらくたって気づいた時には家の前の道が冠水していたので、これはまずいと思って両親を起こし、なんとか2階に避難しました」。2階に行ってから119番通報したがなかなかつながらず、部屋を歩き回ったりしている間にじわじわ水位が上がってきた。**2階に水が迫ってきた頃ようやく119番につながったが、消防の応対に男性は愕然としたと言う。「『正直、助けに行かれるかどうかわからない』と言われた**のです。もう不安がつのるばかりで、ツイッターで救助を呼びかけました」。ついに2階まで水が押し寄せてきた。男性は窓からタンスを出してそれを台にして屋根に上がり、どうにか両親も引き上げて、家族3人でソーラーパネルの下で助けを待った。数時間そうして救助を待った家族はヘリで無事に救助された。2階の部屋の壁には胸のあたりの高さまで泥に浸かった跡が今でも残っている。

**「住所を載せてツイートすることに不安はありましたが、ツイートすることで助けてもらえる可能性が高まると思ってやりました。途中でツイートを見た友人から電話があって安心しました。『ここにいる』ことが周りに知られているんだという安心感があったので、ツイートして**

**よかったと思っています」。**

倉敷市は「市のＳＮＳの運用では、救助要請への対応は想定していませんでした。しかし、豪雨による被害が増えてきたなかで、ＳＮＳで救助を求める声があがっていることがわかりました。そこでまず、救助要請をしている人たちに向けたツイートをしました」という。「市役所から自衛隊に派遣要請をしており、順次救助活動に入りますので、もうしばらく、なるべく安全な場所で待機して下さい」。そのツイートをきっかけに、倉敷市のアカウントに向けて直接救助要請のツイートが寄せられるようになった。

寄せられたツイートはプリントアウトして災害対策本部にいる消防局の連絡員に渡した。件数が１００件くらいに増えて、消防局から「基本的にはＳＮＳではなく、１１９番に直接かけるようにしてほしい」と連絡が来て、倉敷市はツイートで、１１９番に掛けるよう呼びかけた。そのツイートに４３００件を超えるリツイートがあった。

その中には「１１９番に掛けてもつながらない」とのコメントが寄せられたため、消防局内の一般回線の電話番号一覧をツイートした。救助要請ツイート情報を受けた倉敷市消防局のシステムは、ＳＮＳからの情報でも内容を入力できるようになっているが、豪雨災害時は１１９番通報だけで１日平均の30倍に上る２４００件余の通報が寄せられた。そのため16台あった指令台すべてが１１９番対応にかかりっきりになってしまい、ＳＮＳ情報をシステムに入力できる人員がいなかったという。**そもそも広範囲に浸水した西日本豪雨では、救助隊員でさえたどり着けない地域が多かった。結果として「行けるところから順番に救助する」しかなかったという。**今後は自治体や消防署も電話だけでなく、ＳＮＳ対応も重要である。また、消防署の人員が出払ったら、自衛隊や警察署と連携してＳＮＳ情報を活かす必要がある。ただ、そうした場合、重複情報やフェイク情報もあるので、情報トリアージの仕組みのほかに、救助されたら早めに経過報告をするといった、発信者側のマナーも大切である。

## 2　在宅避難生活訓練と7日分の防災備蓄

### ①避難所は地獄だった

ひと口に避難所と言っても、自治体によって様々な名称がある。例えば、避難所、避難場所、地域避難所、拠点避難所、一時避難所、一次避難所、一次開設避難収容所、一時《いっとき》避難場所、一次避難場所、屋外避難場所、緊急避難場所、広域避難所、広域避難地、市指定避難所、市指定避難場所、指定避難所、指定避難場所、震災時避難所、二次避難所、避難地、避難予定場所、福祉避難所、避難施設、補助避難所、予備避難所、自主避難所などなど。**災害対策基本法では**

**指定緊急避難場所と指定避難所の2つが正式に明記されている。**

では指定緊急避難場所と指定避難所の違いは何かというと、指定緊急避難場所は、地震、津波、洪水、土砂災害、大火などの異常な現象が起きた緊急時、一時的に避難する場所。普通は公園やグランドなどで市区町村が指定した場所。一時避難場所、津波タワー、広域避難場所などもこれにあたる。

指定避難所は、災害発生時に危険が迫っている場合や、家が損壊して住めない住民が、一定期間避難生活を送る施設。つまり、**指定緊急避難場所は、いつでも誰もが避難していい場所だが、指定避難所は、市区町村ごとの地域防災計画で入所条件が定められている。原則は、家に住めない人が優先である。**逆に言えば、**家と自分の安全が確保できる人は自宅で暮らさなければならないのである。それを私は「在宅避難」と呼んでいる。**実際の災害が発生した場合、どこの市区町村でも住民すべてを収容できるだけの指定避難所はない。「2019年東日本台風」の時、「大雨・土砂災害警戒レベル４（全員避難）」の発表があったので多くの住民が避難したが、体育館などの指定避難所が満員で大雨の中ほかの避難所に移動した人も多い。

例えば、台風19号により大雨特別警報が発表された東京都の場合、37自治体で17万6500人が避難した。しかし、そのうち13自治体で開設した指定避難所が満杯になり、体育館だけでなく教室も開放したがそれでも足らず、住民に別の避難所へ移動してもらっている。**「全員避**

**難・避難指示と言われ慌てて雨の中を一生懸命避難したのに、また雨の中を子供を連れて遠くまで歩かなければならなかった。市役所はいったい何をしてるのか！」**と憤慨する住民もいた。

前述したように、どこの自治体にもすべての住民を収容できるだけの指定避難所などない。それに、大雨で全員避難だからと言って浸水のおそれのないマンションや高台の住民は避難しなくてもいいのだ。避難情報は区域ごとに発令されるが、リスクは区域ごとではなく家ごとに異なる。「危険区域の危険な住宅にお住まいの人が避難して下さい」という意味なのだ。**自治体は平常時に、住民の防災リテラシーを高めておかなければならない。**

それに危険区域外の住民は安全が確保できたら避難しないほうがいい。避難経路の方がかえって危険な場合もあるし、元来避難所はホテルのように快適ではない。**熊本地震の時、避難所に避難した60代男性の日記の一部を見せていただいたが、「汚い、臭い、暗いトイレが1時間待ち、毛布1枚では痛くて、寒くて眠れない。避難後3日目に発熱して救急車で運ばれた。地獄のようだった」と記してあった。感染症が蔓延していたら、さらに厳しい状況になる。**

## ②痛ましく、哀しい災害関連死

一度に多数の人が押し寄せる避難所。一時的に劣悪な環境に陥るのはやむを得ないが、避難者にとっては深刻である。**熊本地震では地震による直接死は50人だけで、避難生活中に亡くな**

**って関連死と認定された人が220人を超えた。災害から生き残った人が直接死の4倍も関連死している。**東日本大震災でも震災関連死は3739人（2019〔令和元〕年9月現在・復興庁調べ）に上る。**2020（令和2）年は新型コロナ・ウイルス・パンデミックで世界が翻弄された。こうした感染症蔓延時に、もし大規模地震が発生したら、避難所などで多数の災害関連死が出る危険性がある。25年前の1995（平成7）年1月に発生した阪神・淡路大震災の時も季節性インフルエンザが蔓延していた。兵庫県の調べによれば犠牲者6402人のうち、3か月以内に亡くなり関連死と認定された人は919人（14・35パーセント）に上る。**

震災関連死の名付け親でもある神戸協同病院の上田耕蔵院長によれば、関連死に至った被災者は60歳以上が89・6パーセントを占め、死亡主因別では循環器系疾患が37・9パーセント（心疾患28・8パーセント、脳疾患9・1パーセント）、呼吸器系疾患35パーセント（肺炎26・2パーセント、その他の呼吸器疾患8・8パーセント）、消化器系疾患3・6パーセント、血液造血器疾患2・0パーセント、自殺0・7パーセント、既往症の悪化が21パーセントであった。

とくに循環器系疾患、呼吸器系疾患、既往症悪化で全体関連死の約94パーセントを占める。その大半はインフルエンザが引き金になったものと推定されている。**基礎疾患や持病を持っている高齢者がストレスと感染症に見舞われると合併症などを併発し重篤になりやすく、せっかく震災から生き残った尊い命が無残に奪われてしまう。痛ましい限りである。**

**これからの防災・危機管理の重点課題は、関連死ゼロを目指す環境改善とともに、感染症蔓延時における避難所運営マニュアルの策定が急務だ。そして、家の安全が確保出来た元気な人には在宅避難を奨励するなど、平時のレクチャーと地域防災計画の見直しを迫られている。**

東日本大震災でクローズアップされた避難所等の課題を踏まえ、2年後の2013（平成25年6月に災害対策基本法が改正され、同法86条の6で避難所における生活環境の整備などが定められ、避難所以外の場所に滞在する被災者への配慮については同法86条の7に規定された。併せて市町村（特別区を含む）等には、避難所の良好な生活環境の確保に努める取り組みを求めるにあたり「避難所における良好な生活環境の確保に向けた取組指針」が策定され、より具

**㊼図　コロナ禍における避難の原則**

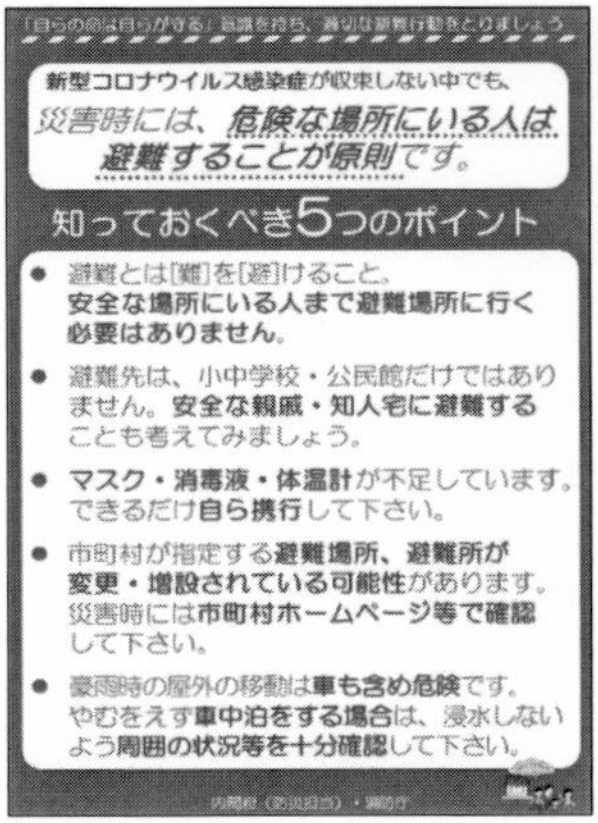


★避難とは、「難」を「避」けること
① 目の前の「命」を大切に守る
新型コロナウイルス感染症が収束しない中でも、災害時には危険な場所にいる人は避難することが原則。
② 安全な場所であれば避難せず
安全な場所にいる人まで避難場所に行く必要はない。
③ 分散避難
避難先は指定された避難所だけでなく安全な親戚・知人宅への避難も検討。
④ 避難するときの携行品
マスク、消毒液、体温計を持って行く
⑤ 避難場所の再確認
コロナ対策で避難所が変更になっている可能性がある。事前に確認が必要。

出典：内閣府

体的対応について「避難所ガイドライン」「福祉避難所の確保・運営ガイドライン」「避難所におけるトイレの確保・運営ガイドライン」が次々に発表された。

しかし、その3年後に発生した熊本地震では、前述のように直接死の4倍以上も関連死を出してしまった。指定避難所における避難者の生活環境改善のための施設（空調、Wi-Fi、バリアフリー化に係る施設等）整備に、国は一部財政支援をしているがあまり進んでいない。

**国があるべき姿を提示することは容易だが、それを具現化させるべき地方自治体が、深刻な逼迫《ひっぱく》財政や万年人手不足であっては対応に限界がある。そうした基礎課題が改善されない限り、良好な避難所への環境改善など絵に描いた餅である。**今、国に求められているのは、全額財政

**⑱図　避難行動判定（目安）**

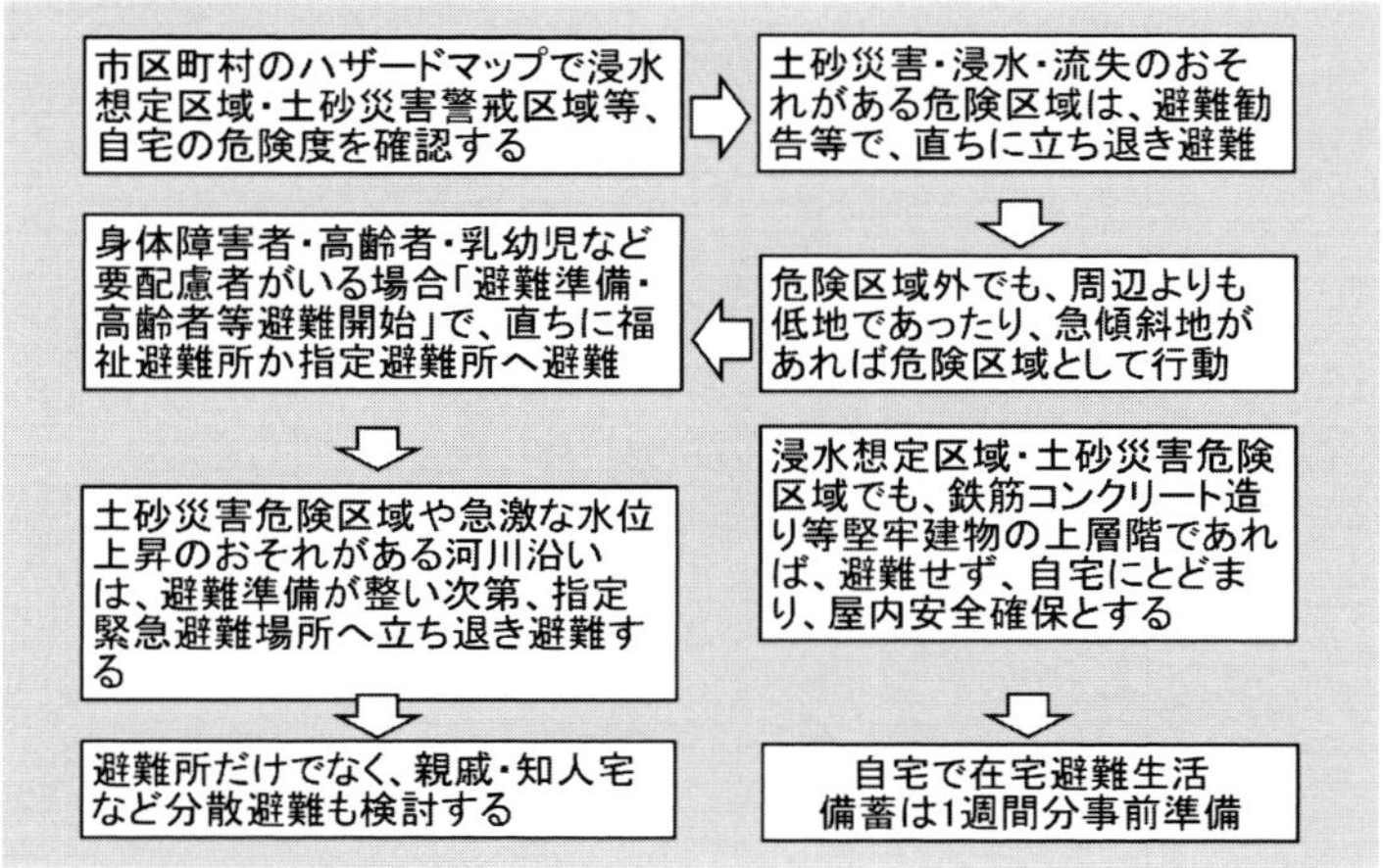
市区町村のハザードマップで浸水想定区域・土砂災害警戒区域等、自宅の危険度を確認する
土砂災害・浸水・流失のおそれがある危険区域は、避難勧告等で、直ちに立ち退き避難
危険区域外でも、周辺よりも低地であったり、急傾斜地があれば危険区域として行動
身体障害者・高齢者・乳幼児など要配慮者がいる場合「避難準備・高齢者等避難開始」で、直ちに福祉避難所か指定避難所へ避難
土砂災害危険区域や急激な水位上昇のおそれがある河川沿いは、避難準備が整い次第、指定緊急避難場所へ立ち退き避難する
避難所だけでなく、親戚・知人宅など分散避難も検討する
浸水想定区域・土砂災害危険区域でも、鉄筋コンクリート造り等堅牢建物の上層階であれば、避難せず、自宅にとどまり、屋内安全確保とする
自宅で在宅避難生活
備蓄は1週間分事前準備

出典：防災システム研究所

支援など一歩踏み込んだ具体性のある自治体支援策ではなかろうか。そして我々は自分や家族を守るために、分散避難と在宅避難の事前準備が必要である**（防災ひと口メモ⑫）**。

### ③在宅避難生活訓練

**発災時は避難所に行けばいいと思っている人が多い。半日や1日だけの一時《いっとき》だけ避難するのであればそれは間違いではない。しかし、そこで暮らすとなると厳しい現実が待っている。当然、暖かくて十分な食事など期待できない。プライバシーはなく、3Kトイレに1時間も並ばなくてはならない。子供の泣き声、いびき、足音、毛布1枚だけ支給されても寒いし痛いし、眠れるものではない。電気、ガス、水道、電話が停止していても、安全が確保できたら自宅の自分の布団やベッドの方がよほどよく眠れる。**そのほうがウィルス感染の心配もないのである。

今までの防災は「逃げる・守る防災」が主体だった。津波や水害などで一時的に避難するのは当然であるが、身の安全が確保でき、自宅が安全であれば自宅に在宅避難すべきである。これからは、逃げる・守る防災と合わせて、「安全な家に住む（する・暮らす）防災」が重要である。失ったら取り返せない「命」を守るために、食う寝るところ、住むところの安全対策・安全確保をしっかり行うことが最優先事項である。

地震対策としては、我が家の耐震化の推進と室内の家具や電化製品の転倒落下防止対策も欠かせない。津波、水害、土砂災害の危険のある地域であれば、より安全な高台、地形、地盤を選ぶ必要がある。浸水のおそれがある場合は上階に避難できるように構造や避難場所を確保することも大切。

自宅が安全であれば、そして建物が堅牢であれば、避難しなくても済むのである。台風や大雨の度にびくびくしているようでは潜在的ストレスで病気になる可能性もある。

**「災害が発生したら避難場所に避難すればいい」と安易に考えず、自分や家族のために、今のうちに安全な家に住む（する）ために何をなすかを家族で話し合って判断し、行動すべきである。そして家の安全確保と合わせ最低7日分の備蓄は必須である。**

これまで「水や食料の備蓄は3日分」と言われてきたが、その根拠は「発災後72時間（3日間）、防災関係機関は捜索、救助、救出が最優先される。物資の配送等に手が回らないので、その間は自力で対応できるように備蓄する」とのことであった。しかし、**これまでの大災害の経験に照らしてみれば、物資が4日目には被災地に行きわたるような災害はそれほど大きな災害ではない。災害に備えるのは大規模災害に備えることである。**

大規模災害ともなれば、生活インフラだけでなく流通も大混乱に陥る。それが復旧するまでに最低でも1週間は見ておかなければならない。2020（令和2）年の新型コロナウイルス蔓延でもわかったように、日本の物流は極めて脆弱な需給バランスの上に成り立っている。いったんパニック買いが始まると、あっという間に店頭からモノが消える。

では、何をどれだけ備蓄するかを考えなければならない。それは家族構成によっても異なる。乳幼児や高齢者の家族がいれば、ミルク、おかゆ、オムツが必要になる。そうした具体性を実感するために、**お勧めするのが「在宅避難生活訓練」だ。それは極めて簡単で、誰にでも、自分だけでもできる。**

**つまり、1日か2日、電気、ガス、水道、電話を止めて（止まったと思って）暮らす。それが在宅避難生活訓練である。**停電にしてから半日も経てば冷蔵庫からは水が垂れてくるし、懐中電灯1個では暗くて暮らせずランタンが必要だと分かる。換気扇が停まると家中がトイレや汚物の匂いでものすごいことになる。非常用トイレには消臭剤と凝固剤が必要だと気づく。災害発生後1週間くらいは、ゴミの収集車は来られない場合が多い。各家庭の生ゴミやトイレの汚物は自宅で保管しなければならない。非常用トイレは用を足した後、小さな袋に入れるまではいいが、それをまとめて保管するにはよほど丈夫で大きな袋などの容器が必要になる。トイレットペーパーはどのくらい備蓄するかも考える。

**日本トイレ協会によると、日本人女性が1日に使うトイレットペーパーは平均12・5メートル、男性の平均は3・5メートル、男女均《なら》せば1日平均8メートル。通常のトイレットペーパーは1ロール約60メートルだから、3人家族で余裕を見て2日に約1ロールの計算で準備すればいい。**

在宅避難生活訓練をしてみると、夏だったら窓を開ければいいと思ったが、蚊取り線香が必要だと分かる。備蓄してあった非常食を食べてみると、味が濃く、それだけでは食べにくいものもある。こうした在宅避難生活訓練のあと家族防災会議を開いて、1週間分の備蓄をするとしたら何をどのくらい用意すべきかが分かってくる。

**防災備蓄は義務でありマナーである。**「籠城用」「巣ごもり用」として一定の備蓄があれば、いざという時に慌てないで済む。災害対策基本法の第6条（住民等の責務）には、「地方公共団体の住民は、基本理念にのっとり、食品、飲料水その他の生活必需物資の備蓄その他の自ら災害に備えるための手段を講ずるとともに、防災訓練その他の自発的な防災活動への参加、過

**㊾図　トイレットペーパーの備蓄**

出典：防災システム研究所

去の災害から得られた教訓の伝承、その他の取組により防災に寄与するように努めなければならない」と書かれている。つまり**非常用食料、飲料水その他の生活必需物資の備蓄は、法に定められた地域住民の責務なのである。**

ただ備蓄すればいいのではない。備蓄するのはエサではなく食事（食料）だからである。**食料を備蓄する際には消化や栄養バランスを考える。災害時に被災地に出回る食品はおむすびやパンが多い。ほとんどが炭水化物ばかりである。ありがたいし数日はいいが、さらに続くと体調を崩す人も出てくる。不足するのはたんぱく質、食物繊維、ビタミンなど。**

今は保存できるレトルト食品の種類も増えた。温めずに食べられるカレーやパスタ、野菜たっぷりスープなどさまざまある。できれば平常時にも使えるもの、家族の好きな美味しいもの、栄養バランスが良く消化の良いものを備蓄する。そして、月に2回程度の非常食デー（平常時）に食べた分を補充するローリングストック法が大切。それで7日分を1年でリニューアルできるのである。

**⑥⓪図　非常用備蓄食料**

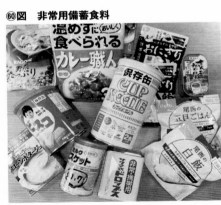

出典：防災システム研究所

防災ひと口メモ　11

## 凍り付き症候群と正常性バイアス

イギリスの心理学者ジョン・リーチ博士の研究によると、運悪く不意の災害に見舞われた時、人の取る行動は次の三つのカテゴリーに分かれる。

**1、落ち着いて行動できる人=10%**

**2、我を失って取り乱す人=15%**

**3、ショック状態に陥り呆然として何もできない状態になってしまう人=75%**

大多数の人が発災時にショック状態に陥り、心と身体が凍り付いたようになる、それを「凍りつき症候群」と呼ぶ。ジョン・リーチ博士によると「突発的に災害や事故の直撃を受けたとき、脱出や避難できるチャンスが十分にあるにもかかわらず、避難が遅れて犠牲になる主な要因は、経験したことのない事象の急激変化・展開についていけず、脳の認知的情報処理機能のプロセスが混乱し自己コントロールを失ってしまうことによるもの。脳の空転状態のため思考は生産的な適応性を失って停止、または反対にとりとめなく拡散し焦点が定まらない状態になってしまう。結論が得られず、また最初からプロセスを始める。その間、心・身体・行動が凍りついた状態になって凝結してしまう」という。とくに、正常な状態がずっと続く、自分だけは大丈夫という正常性バイアスの人ほど、フリーズ状態になりやすいという。

**凍り付き症候群**

出典：防災システム研究所

防災ひと口メモ　12

## 枕元の「防災ボックス」

寝る前にスマホや携帯電話をベッド脇やテーブルの上で充電していると危険である。大地震発生時、大揺れで吹っ飛び、倒れた家具や落下物に埋もれてしまうからである。地震だけでなく、台風などでも停電になって真っ暗な中でスマホを探して逃げ遅れる可能性もある。

そこでお勧めするのが「防災ボックス」。100円ショップなどで手に入るかごの中で充電するのだ。そこにはスマホだけでなく懐中電灯、カギ、時計や財布も入れてある。かご底をテーブルに粘着マットで固定し、停電でも分かるように、かごの周りには蓄光テープを貼っておく。私はベッドサイドのテーブルの上にこの防災かごを置いている。

いざという時、かごの中身だけ持って脱出すればいい。防災とはひと手間かけることでもある。

**「防災ボックス」**

撮影：筆者

# 第八章

# 自助、近助、共助でつくる、災害に強いまち

## 1 「公助」の限界

防災は、自らを自らが助ける「自助」と、共に地域で助け合う「共助」、そして行政など公的機関が助ける「公助」の三助が大切と言われてきた。しかし、公助は既に限界が見え始めている。2018（平成30）年12月12日、「中央防災会議防災対策実行会議」のワーキンググループが「2018年7月豪雨を踏まえた水害・土砂災害からの避難の在り方について」の報告書を提出。その中で、今後の基本姿勢として「行政は防災対策の充実に不断の努力を続けていくが、地球温暖化に伴う気象状況の激化や、行政職員が限られていること等により、突発的に発生する激甚な災害に対し、既存の防災施設、行政主体のソフト対策のみでは災害を防ぎきれない。地域の高齢化や外国人の増加など防災行政を取り巻く状況はますます厳しくなることが予想される。防災対策を今後も維持・向上していくためには、行政を主とした取り組みではなく、国民全体の共通理解のもと、住民主体の防災対策に転換していく必要がある」と述べている。

**一言で言えば「これからは行政主体の防災から、住民主体の防災へ転換せよ」という一大方針転換である。**つまり、総理大臣を長とする中央防災会議が「公助の限界」を明確に宣言したことになる（**61図**）。当然と言えば当然である。今までもそうした議論はあったが、公式に発表されたのは初めてである。
「2018年7月豪雨」（西日本豪雨）の時、岡山県によれば倉敷市真備《まび》町の死者51人のうち、年齢が明らかになった40人の8割（32人）が70歳以上で、しかも大半が高齢独居の人。以前は大雨災害で犠牲者が出ると、避難情報発令の出し遅れが非難の的だった。しかし最近の自治体は、空振り覚悟で早め早めに避難情報発令に踏み切るようになった。そのためメディアの矛先は、自治体から避難しなかった人に向けられるようになってきた。

**「避難勧告が出ていたのになぜ避難しなかったのか？」「危険区域に指定されていたのになぜ避難しなかったのか？」「住民の危機意識希薄、あるいは正常性バイアスのためか？」など、避難しない理由を勝手に推定し、犯人捜しから教**

**㊶図　公助の限界（役所も水没）**

1階が水没した倉敷市真備支所／撮影：筆者

**訓を得ようとする。しかし、そこに真実や教訓はない。なぜなら前述したように、犠牲者の多くは避難しなかったのではなく、避難したくても避難できなかった人たちだからである。**

倉敷市の関係者は「一人暮らしで助けを呼ぶ間もなく水害に襲われたり、足腰が不自由であったりして逃げることができなかった人が少なくないのでは？」と話す。痛ましい限りである。若年層に比較してＳＮＳやインターネットとの接点が少ない高齢者に避難情報は伝わりにくい。一人暮らしであればなおさらであろう。つまり犠牲者の多くが災害弱者であり、情報弱者でもある。西日本豪雨に際し、倉敷市は７月７日午前１時半に１級河川・高梁川の支流・小田川の北側地区に避難指示を発令。チャイムを鳴らし防災無線で繰り返し避難を呼びかけた。小田川の堤防決壊が始まったのは、その避難指示発令からたった４分後だった。

その後７日の未明にかけて、小田川など少なくとも３カ所で堤防が決壊し猛烈な勢いで濁流が住宅街に流れ込み町の約３分の１を水没させた。豪雨の最中《さなか》、夜中の１時半に避難を呼びかけても聞こえるはずがないし、聞こえても避難できる状態ではなかった。

浸水区域に住んでいた76歳の男性にインタビューすると「夜中に目が覚めたが、猛烈な雨音しか聞こえなかった」と言う。この男性が助かったのは、午前３時ごろ市内に住む40代の息子さんから固定電話に電話がかかり「避難指示が出ているから、何でもいいから早く逃げて！」と言われたからだ。それではじめて自宅に危険が切迫していることを知る。この男性は普段からあまりテレビも観ず、携帯電話も持っていなかった。「雨音は強かったが、これまでも大丈夫だったから今夜も大丈夫だろう、まさか自分の家が2階まで浸水するとは思っていなかった、息子からの電話がなければ死んでいた」と述懐する。

この方《かた》は自力避難できたからよかった。前述したように、**倉敷市真備町で亡くなった方々の約8割は「避難行動要支援者名簿」に登載されていた人たちであった。つまり犠牲者の大部分が避難したくてもできない「自力避難困難者」だった。少子高齢化社会の哀しい現実。それは「明日は我が身」なのだ。**

避難行動要支援者名簿とは、「東日本大震災」で犠牲者の大半が高齢者、障害者など自力避難が困難な人たちであったことを教訓とし、2013（平成25）年に災害対策基本法が改正され、自力

**㊷図　西日本豪雨では1階で亡くなった方が多かった**

倉敷市真備町／撮影：筆者

避難が困難と判断された人を「避難行動要支援者」と認定して登載する名簿の作成を自治体に義務づけたものである。西日本豪雨発生時、倉敷市もその名簿は作成済であった。

しかし、誰がどうやって要支援者ごとに避難行動を支援するかを具体的に定めた「個別支援計画」は作成されていなかった。亡くなった高齢者の多くが2階建ての家に住んでいたのに今回の水害で1階が水没、遺体の多くが1階で発見されている。自力で2階に避難できなかった自力脱出困難者たちである。足腰が弱く階段を登れなかったものと思われる。少子高齢化社会のあまりにも哀しく残酷な現実である。

# 2　今こそ「互近助《ごきんじょ》の力」

## 1）民生委員・消防団員も被災する

避難指示や避難勧告が出る前に、高齢者などに早期避難を促す「避難準備・高齢者等避難開始情報」がどんなに早めにに発令されたとしても、この人たちは自力で避難できなかったかもしれない。高齢化が進み自力避難できなくなる人はこれからも増加する。

自力避難が困難な人に対し、自治体や防災関係者がもれなく避難支援を行うことは物理的に無理である。**突発大規模災害時は、地域の民生委員や消防団員も自分を守ることさえ困難になる。東日本大震災でも消防職員・消防団員の死者・行方不明者は281人、民生委員の死者・行方不明者も56人に上る。支援する側が多数犠牲になっていて、年々増え続ける高齢者全員を避難誘導することなどできない。もはや既に「公助の限界」なのである。**

西日本豪雨の現場を見て痛感したのは、同時多発的な道路冠水、河川の決壊・越水などによる大規模洪水発生時に、現場に迅速に駆けつけること自体が極めて厳しいという現実だった。たとえそれが消防、警察、自衛隊であったとしても、広域的かつ同時多発的洪水時、発災直後

**㊸図　1階が水没した消防署**

倉敷市玉島消防署 真備分署／撮影：筆者

にすべての要支援者を助けることはできない。それは民生委員も消防団員でも同様である。もし助けることができるとしたら、近くに住む隣人たちだけであろう。

**「遠水《えんすい》は近火《きんか》を救わず」**という言葉がある。遠くにいくらたくさんの水があっても、近くの火事を消すことはできないの意。近くの火事を消せるのは近くの水であり、近くにいる人間なのだ。「阪神・淡路大震災」（1995〔平成7〕年1月17日）で亡くなった人の92パーセントは地震発生後14分以内に死亡している（兵庫県警監察医）。つまり早く助けなければ助からないのである。早く助けることができる人は近くにいる人だけである。遠くの親戚より近くの隣人。つまり、共助とともに一層重要となるのが互いに近くの人が近くの人を

**㊿図　向こう三軒両隣・互いに近くで助け合う「互近助」**

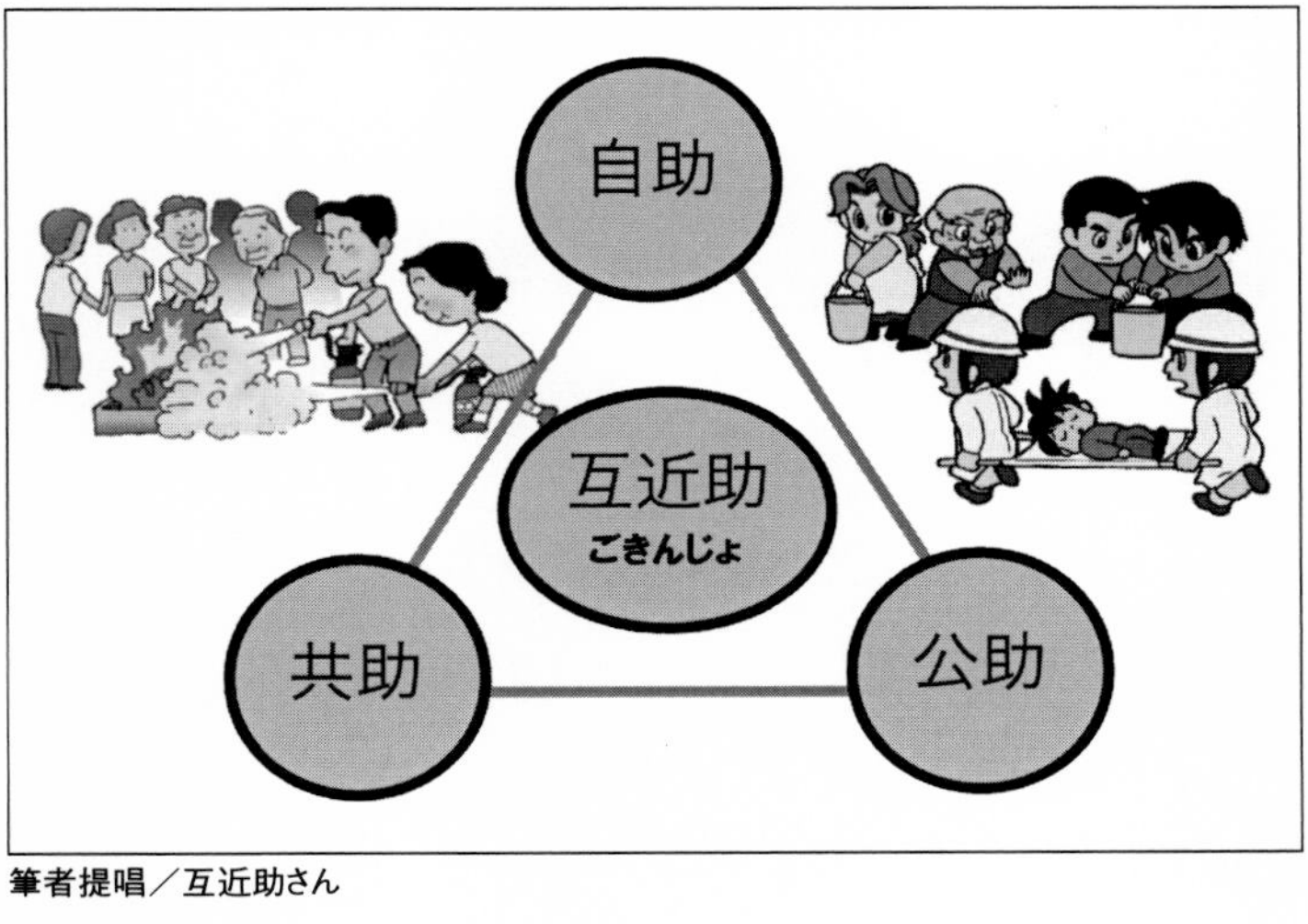


筆者提唱／互近助さん

**助ける「互近助《ごきんじょ》さん」である（64図）。**

少子高齢化社会となってしまった現在、そして今後ますます加速していく。普段から災害弱者を見守り、助けることができる人は近くに住む向こう三軒両隣の「防災隣組」しかいない。こうした近くの人が近くの人を助ける仕組みを作り、助ける人材を育成することが国や自治体の責務である。**誰でもいつかは歳をとる。いずれ誰でも「助けられる人」になる。これは人間界の冷徹な掟である。「明日は我が身」だからこそ、65歳以上が高齢者イコール要配慮者ではない。若くても年寄みたいな人もいれば、80歳でもかくしゃくとして社会貢献をしている人もいる。元気なうちは高齢者でも助ける人になるしかない。**

## 2) 互近助《ごきんじょ》の力

行政職員や防災関係機関がどんなに対策を講じていても地震や津波が手加減してくれるわけはない。**大規模災害の前に人は誰でもハンディゼロで同じ条件のプレイヤーである。そして物事にはすべて限界がある。どんな団体・組織や仕組みでも例外はない。人員の限界、予算の限界、能力の限界……、税金で賄われる公的機関にも限界があるのは当然である。それでも行政が住民保護の第一当事者たることは法律上規定されているのだ。**今後は発災時に行政が対応できること、できないことを時系列別に「許容限界項目」として明確にした上で、住民主体の防災対策の具体策や仕組みを提示する責任がある。

**公助に限界があるとすれば、その安全の空白域を埋めるのは自助と共助と「互近助の力」である。**共助とは、自主防災組織、自治会組織など「広い地域のみんなで助け合う」という概念で、住民同士の助け合いが極めて重要となる。だが、ただ「みんな」では漠然としていて顔が見えず、「行政依存」と同じように「みんな依存」に陥る危険性がある。「みんな」という顔の見えない不特定多数に依存してはいけない。

**「みんな」も「行政」と同じように大切だが、「みんな」や「行政」に頼り過ぎて自分や家族の命が守れなくても、「みんな」や「行政」は責任など取ってくれない、と言うより取りようもない。つまり自分や家族の命は「原則自己責任」で守るものながら、もとより個人の力には限界**

**㉟図　自治会員優待カード**

出典：東京都昭島市自治会連合会

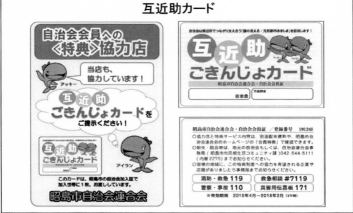

**がある。だから近しい仲間で助け合うしかない。異常気象時代、高齢化時代、公助限界の時代にあって、いざという時には、自分や家族だけでなく隣人や仲間の命を守る。互いに近くで助け合う「互近助の力」こそ頼りになる。「遠くの親戚より近くの隣人」。普段から挨拶を交わす近くの顔の見える仲間（隣人）同士、助け合うことが今、痛切に求められている。**

そのためにはまず、隣人と仲良くする勇気を持つことである。この辺のことは、拙著『災害に強いまちづくりは「互近助の力」～隣人と仲良くする勇気～』（ぎょうせい）に詳しく書いた。防災は、向こう三軒両隣と合わせて地域ぐるみで取り組む必要がある。**プライバシーには深入りせず、ほどよい距離感で付き合う。ただし、いざという時にはためらわずに声を掛けられるような間柄になっておく。誰でもいつかは歳をとり、助けられる人になる。元気なうちは助ける人になっておきたい。それが相身互《あいみたが》いというものである（防災ひと口メモ⑪）。**

### 3) 家族防災会議と防災用品点検の日

自分や家族を自分で守る「自助」。その第一は、普段最も長く時間を過ごす場所としての自宅の安全を考えること。そして、家族で防災の情報を共有することが不可欠。そこで、**我が家の家族防災会議の開催をお勧めする。これは台風対策だけでなく、大規模地震、津波、噴火、感染症などにも共通する防災対策の1丁目1番地である。**大人だけでなく子供も高齢者も障害者も交え、家族全員が会議のメンバーとなる。

そしてだらだらと議論するのではなく、何時から何時までと時間を決め集中して話し合う方が効率的。家族同士だと、ついついふざけたり脱線したりで、言いっ放しの聞きっ放しで終わってしまうことがある。少しの脱線はいいとしても、会議を進める時は議長を決め、話し合うテーマを紙に書いて事前に配付するなどの準備が成否を分ける。

**【家族防災会議のテーマ】例**

- 緊急連絡先一覧（親戚・知人・インフラ事業所など）
- 災害発生時、家族が離れ離れになっている場合の連絡方法
- 周辺地域の地形、地盤（高いか低いか）などの確認
- 周辺で過去発生した災害の検証
- 近くに氾濫しそうな河川の有無
- 近くに土石流が起きそうな渓流の有無
- 近くに崖崩れが起きそうな崖や急傾斜地の有無
- 近くに土砂災害・危険区域の有無
- 市区町村発行のハザードマップで我が家のリスクの確認（危険区域かどうか）

●我が家の防災上のウィークポイント（弱点）を挙げてみる
●建物（我が家）の耐震性の有無
●室内の転倒落下物の有無（固定済かどうか）
●台風接近時に強風で飛ばされそうなものの有無
●窓ガラスの防災対策の有無（飛散防止フィルムが貼ってあるかなど）
●地域の指定避難場所、避難所の確認
●避難場所への安全な複数経路の検討
●防災備蓄は整っているか（内容と数量、できれば7日分）
●防災用品の使用期限の確認
●非常持ち出し袋は準備してあるか（家族分）
●車のトランクに防災用品が入れてあるか
●避難所以外に親戚・知人宅、車中避難などの分散避難先を検討する
●持病の薬の備蓄とかかりつけ医の緊急連絡方法

ほかにも、高齢者や障害者のいる家庭では、災害拠点病院や福祉避難場所の確認などが必要になる。家ごとに家族構成や環境が違うので、それぞれの家庭に合った内容を考えて話し合う。

こうした家族防災会議は年に1～2回程度、9月1日（防災の日）と3月11日（東日本大震災発生日）のような日に定期化して日程も決めておくと良い。**そして同時に実施してほしいのが「防災用品点検」である。**

私が提唱しているのは防災の日の9月1日を起点に、12月1日、3月1日、6月1日の年4回。季節ごとに点検することで、寒くなる前には非常持ち出し袋に使い捨てカイロやセーターを余分に入れるとか、夏になる前には蚊取り線香や虫よけスプレーも加える。台風シーズンになると雨合羽や防水懐中電灯が必携になる。感染予防対策用品など、環境の変化に合わせて防災用品の点検を行うと安心である。

年に4回点検していると、非常用の食料や飲料水も長期保存できるものばかりを選ばなくてもよくなる。カップラーメンなどの保存期限は約4か月～6か月くらいが多い。そうした**期限のある食料や乾電池などは買った時にマジックで大きく有効期限を書いておく。**そうすれば、さほど長期保存できないものでも期限前に消費し買い替えることができるので無駄にならない。備蓄食品は普段遣いのものを少しずつ余分に備蓄すればいいのである。有効期限は食料品や飲料水だけではない。電池もそうだがカセットコンロにも耐用年数がある。**工業会によるとカセットコンロの耐用年数は10年としている。**10年経ったら必ず交換して下さいと言う。カセットボンベの差し込み口にはゴムのOリングあって、経年劣化でひび割れたりしてガスが漏れる危険性がある。

また、使用されている電子部品も経年劣化するものがあるので製造から10年経ったら交換が必要になるし、**カセットボンベも有効期間7年が目安**となっている。家族防災会議と一緒に防災用品の点検も行い、期限切れになりそうなものは、早めに食べてしまえばいい。

ある知人の家では、家族防災会議と防災用品点検の日を家族の誕生日にしている。誕生パーティには家族が集まるので、乾杯やバースデーケーキで祝う前に行うそうである。防災というのは習慣にしないと長続きしない。それを私は「防災習慣」と呼んでいる。安全・安心は準備に比例するのだ。

**㊻図　家族防災会議の日**

家族防災会議の日を推進・制定する自治体

出典：埼玉県新座市、新潟県ホームページ

防災ひと口メモ　13

## 「自治会優待カード」と「防災隣組」

最近、町内会や自治会の加入率が激減している。東京都の2003年の自治会加入率は61%だったが、10年後には54%に減った。現在の加入率は50%を割っていると推定されている。23区内では加入世帯が10軒を下回り解散した自治会もある。原因は人口減少や高齢化だけでなく、加入しているメリットが感じられなくなっているのかもしれない。危機感から最近は優待カードを作るところも増えた。

自治会優待カードは東京の立川市自治会連合会の「絆カード」が先鞭をつけ、協力店で買い物すると割引する仕組みを作った。そして昭島市自治会連合会の「互近助カード」、青梅市の「すまいるカード」、埼玉県南越谷自治会連合会の「なんこし自治会優待カード」、春日部市自治会連合会の「かすかべ自治会カード」、「和光市自治会優待カード」などなど。こうした自治会優待カードは加入者メリットを高めるだけでなく、地域商店の活性化にも役立っている。災害時に地域で助け合う「自主防災組織」の多くが自治会単位で組織されている。自治会加入者が減ることは地域の防災力を弱めることになる。高齢者は会費を免除減額し名誉会員・優待会員にするなどのアイディアも必要。そして自主防災組織や自治会の中に防災隣組を組織し、近所の顔の見える仲間として地域の安全を支える組織になってほしい。同じ地域に住む隣人同士、運命共同体なのだから。

**立川市自治会連合会／絆カード**

出典：東京都立川市自治会連合会

# 第九章

# 賢い防災備蓄と必要量

# 1　防災備蓄は7日分

**「私の備蓄倉庫は隣のコンビニ」と嘯《うそぶ》く若者がいるが、災害が発生すればあっという間に棚は空っぽになる。水・食料の防災備蓄は、3日分でなく7日分必要である。災害に備えるとは大規模災害に備えるということ。**大規模災害であれば道路や橋が損壊し、建物が多数倒壊する、物資を運ぶトラックも入れない状況になる。

そうした流通混乱だけでなく、電気、水道、ガス、電話などのインフラも損壊している可能性が高い。鉄道や信号も機能不全に陥る。規模の小さい局所的な地震や台風はまだしも、南海トラフ巨大地震や、首都直下地震、スーパー台風などが発生すればインフラや流通が広範囲にダメージを受ける。広域被災地の緊急物資や生活物資ニーズに対し、十分に対応できるまでには最低でも7日はかかる。

**私は講演をするとき冒頭、「みなさんの地域で近い将来、大規模地震が起きると思いますか？」と聞くことがある。するとほぼ9割の人たちが手を挙げる。次いで「では、その大地震は今夜か明日起きると思う人？」と問うと、今度は2割ぐらいしか手が挙がらない。人は嫌なことはできるだけ考えようとしないのが常である。**災害はいつか起きるだろう、しかし、それはずっと先だろうと思いたいのである。例えば、首都直下地震の発生確率は向こう30年以内に70パーセント、南海トラフ巨大地震は70～80パーセントの確率で発生すると想定されている。**30年以内に70パーセントというのは30年目に発生するという想定ではなく、今現在の発生確率なので、いつ起きても不思議ではないのである。**

**もし「明日震度６強の地震が発生する」と言われたら、自分がどんな行動をとるか考えてみるといい。きっと「水・食料を集めろ」とばかり買いに走るだろうが、もう売っていない。「浴槽でもなんでもいいから水を貯めろ」と水道をひねっても、みんなが水を貯めようとするのでちょろちょろとしか水は出ない。家具や電化製品を固定しようにも、固定金具は売り切れ。ガラス飛散防止フィルムも商品棚にはない。仕方**

**(67)図　災害発生時、水食料・電池などがすぐ売り切れ**

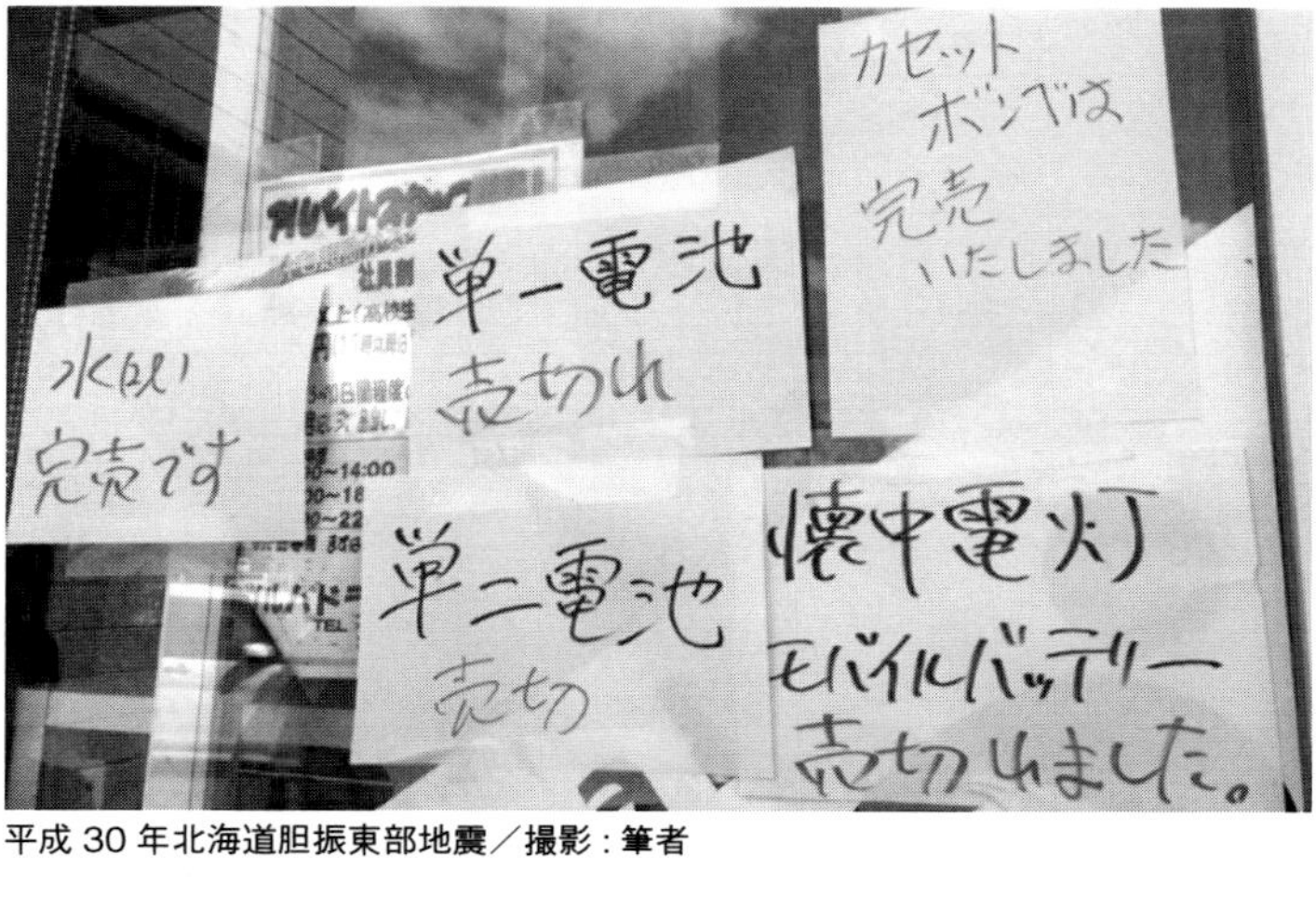


平成 30 年北海道胆振東部地震／撮影：筆者

ないからガムテープでガラスにバッテンを貼ってしまえ、というように、明日大地震が起きるとなれば必死で対策をしようとする。しかし、災害がまだ先だと思うと真剣にならず身が入らない、したとしても形ばかりの対策しかしない。

2018（平成30）年の大阪北部地震の時、「うちは家具を固定していた」という高槻市の方《かた》のお宅を見せてもらった。突っ張り棒で止めてあった大きな洋服ダンスがひっくり返っていた。日本の和室の天井は丈夫にできてはいない。突っ張り棒だけでは重い家具の転倒防止にはならない。しかし、突っ張り棒を取り付けるとなぜか安心してしまうのである。前述したように真剣になっていないと突っ張り棒のような形式的対策で良しとするのだ。突っ張る部分の天井に当て板をして、家具と当て板の間を2つの突っ張り棒で固定し、さらに他の器具で両脇を固定すると突っ張り棒も役に立つ。

「備えあれば憂いなし」という言葉があるが、人間という厄介な動物は「憂いが目前に迫らなければ備えられない」のである。防災備蓄も同じである。形式的に1日分か2日分備蓄するのではなく、前述したが備蓄は7日分、そして備蓄食料の運び方を再度紹介する。

**【備蓄食料選びの5原則】**

**①栄養バランスのとれたもの**

②消化のいいもの
③家族の好むもの
④数か月は保存可能なもの
⑤調理しないでも食べられるもの

**災害時は恐怖と不安とストレスで精神的に不安定な状態にある。そうした時に体調を整えるには消化のいい食物が必要。また、家族が好むものを選ぶと災害時も元気が出る。**例えば「家族の好むもの」は、レトルトの温めずに食べられるインスタントカレー、パスタ、カップラーメン、クラッカー、乳酸菌入りビスコなどの主食だけでなく、副食や嗜好品も用意する必要がある。三度三度同じものでは飽きてしまうのでメリハリとバラエティーにも留意する。

そのためには食欲を刺激する梅干しや、牛

**㊳図　家具類は2カ所以上で固定しないと倒れる**

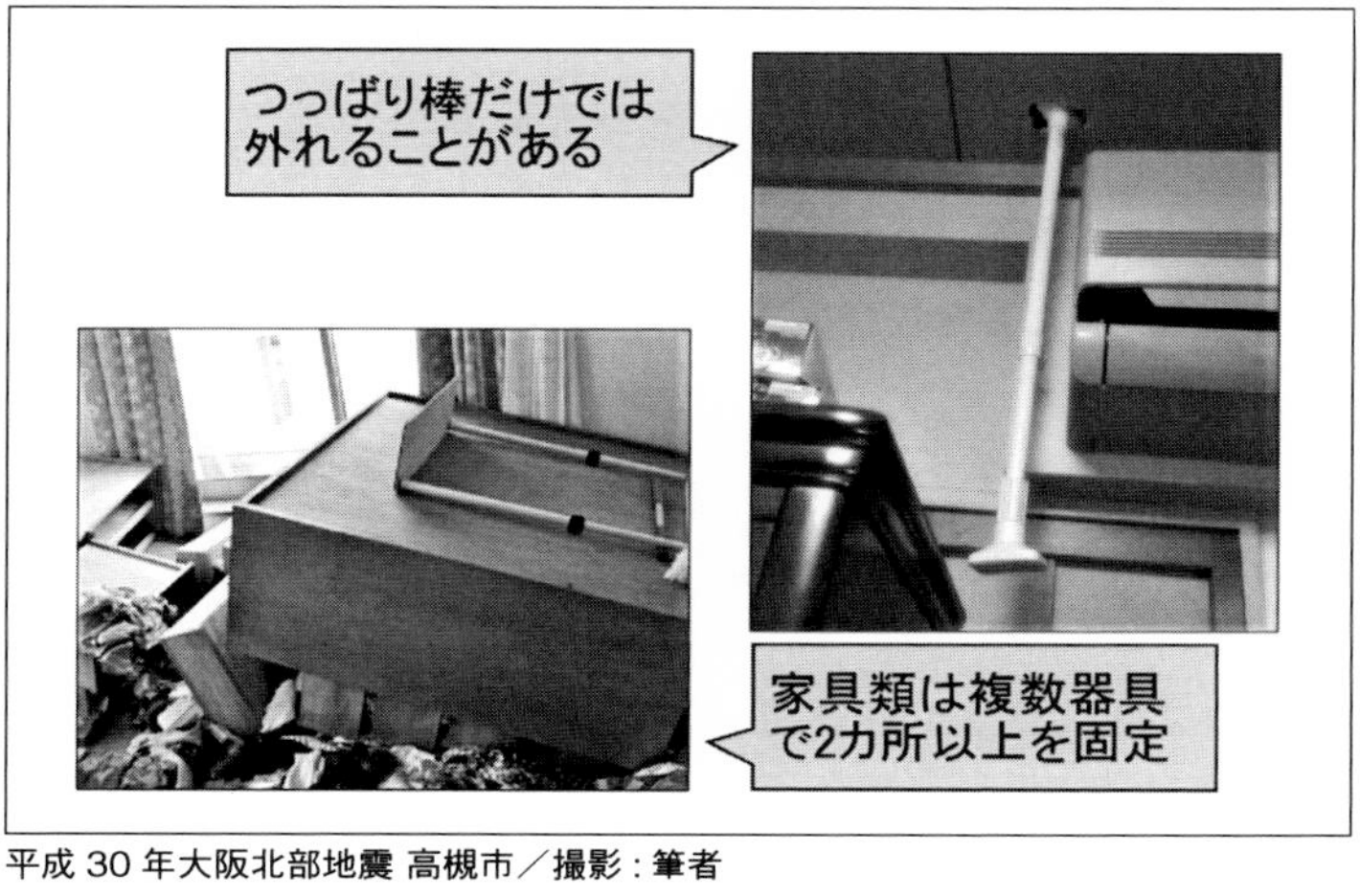
つっぱり棒だけでは
外れることがある
家具類は複数器具
で2カ所以上を固定

平成 30 年大阪北部地震 高槻市／撮影：筆者

肉・おでん・焼き鳥の缶詰、缶入ドロップ、チョコレート、クッキー、煎餅、グミなど家族の好きな嗜好品も備蓄しておくと良い。また「栄養バランス」を考えると、乳酸菌入りビスコ、温めなくても美味しい野菜たっぷりスープ、カレー、筑前煮の缶詰などは、比較的栄養バランスがとれている。

さらに**長期間保存できなくても数か月程度保存できるものでよければ選択肢が増える。また、すべてでなくてもいいので、一部は火を使わず調理しないで食べられるものも準備する必要がある。**それは大規模地震発生時や台風襲来時はインフラが止まっている中、余震や強風が続いている可能性があるので、火を使わずに食べられるものがあると安心だからである。余裕があれば、朝昼晩の食事を考え備蓄する方法もある。

**⑲図　元気が出る非常食（例）**

出典：防災システム研究所

**例えば、朝食はビスケットと野菜たっぷりスープ、昼食はパスタときんぴらごぼうの缶詰、夕飯はカレーライスと豚汁、デザートはチョコレートなどと1週間分のメニューを作って備蓄すると楽しくなる。また、高齢者や乳幼児用にはお粥や液体ミルクなど、家族構成に応じて備蓄する。**食料の備蓄数は、家族数×21食（7日分）が基本。

## 2 ローリングストック法と分散備蓄

**飲料水は1人1日3リットル×7日分＝21リットル（1人）必要となる。**ただ、3年とか5年とか保存期間が長い飲料水は普通の飲料水と比較して高価である。平常流通している飲料水でも賞味期限は開封前で半年から1年以上ある。高価な保存用飲料水でなくても普段遣いのペットボトルを余分に用意することが大切。また**2リットルの大きなボトルだけだと扱いにくい場合があるので、500ミリリットルのものもあると良い。**非常用の食料も同じで、**「非常用！」と肩に力を入れて備蓄するのではなく、普段使っている食材で非常用となるものを少しずつ余分に用意すればいい。それを使ったら補充するほうが無理なく長続きする。そういう風に普段遣いのものを、使いまわし補充するローテーションをローリングストック法と呼ぶのは前述の**

**通りである。**それはおしゃれなものでなくても家族の好きなカップラーメンでも焼きそばでもいいのだ。普段食べ慣れている食品は、いざという時も食べやすい。

**もうひとつの工夫は「先入れ、先出し」である。これは流通業では初歩的なことだが、入庫日時の古いものを棚の前に並べるという意味である。そのためには買った時に一つ一つ、必ず賞味期限をマジックインキで分かりやすい大きな文字で書いておくと役立つ。**ちょっと面倒かもしれないが、マジックで書いたら、今買ってきたものを奥へ入れ、古いものや期限が切れそうなものを前に出す。ただそれだけのことである。**「人間、生きているということは、面倒なことを面倒くさがらずにやることであり、防災はひと手間かけること」**なのである。

私の家には水・食料・非常用トイレ・トイレットペーパー・予備電池などの非常用品は約3か月分ある。だから、2020（令和2）年の新型コロナウイルス蔓延で緊急事態宣言が発出された時も、あわてて買いに走らないで済んだ。マスクも花粉症用に少し余分にストックしていたので助かっている。しかし、**狭いマンションではものを置く場所に限りがある。それを工夫して備蓄している。トイレの上の棚だとか、下駄箱奥のデッドスペース、トランクルームなどに分散して置いてある。それを分散備蓄と呼んでいる。**水や食料の備蓄場所はできるだけ直射日光の当たらない、高温多湿を避けた場所がいい。

そして、室内を見回しているうちに気づいたのは、居間の壁は意外に広く何も使われていないこと。そこで奥行き20センチほどの棚を壁一面につくった。奥行きが浅いとあまりものは入らないし、逆に深いと奥に何が入っているか点検しにくくなる。この壁の棚は格子状にして、予備電池やカセットコンロなども入れられる。心がけているのは、重いものを下に入れ軽いものを上に入れる。それで地震時の大揺れでも散乱を最小限に防ぐことができる。揺れで扉が開いて散乱する心配がないように扉は引き戸にした。

**もうひとつの「分散備蓄場所」は車のトランクである。車は災害時には一時的な避難場所になるし、状況によっては被災地外まで避難することもできる。**「熊本地震」の時は、震度6弱以上の地震が3日間で7回も発生した。最初の地震で被害がなかった建物が次の大揺れで壊れるなど、比較的新しい建物も損壊した。大きな余震の9割が夜間や未明の暗い中で起きた。そのため、この次は自分の家が壊れるのではないかという不安が募った。夜になるとまた地震が起きるかもしれないからと、外へ脱出したりして寝ることもままならず、といって避難場所に行けば満員で入れない状態だった。

その結果、多くの車が駐車場に集まってきた。県立の産業展示場グランメッセ熊本のパーキング・スペースには約2000台の車が駐車し、避難者が車中泊をしていた。車中避難していたある家族にインタビューしたら、**「家は壊れていないが、下水管が壊れたのでトイレは流さないように、と広報車が回ってきた。仕方なく毛布や水、食料をもって、屋外トイレのあるこの**

**駐車場で暮らしている」**とのことだった。非常用のトイレがあれば家で暮らせるというので、さっそく我が家の備蓄をこの人たちに送った。**備蓄は自分のためだけでなく、いざという時の救援物資にもなることを実感した。**一時的な車中避難に備え、車のトランクには毛布や水、食料などを入れておくといい。そして、**車の燃料はいつも半分になったら満タンにしておく習慣も大切である。**

## 3　台風防災の備蓄品

コロナの緊急事態宣言の時もそうだったが、台風の接近情報が流れると、進路にあたる地域ではコンビニやホームセンターの棚があっという間に空っぽになる。過去50年にわたり台風災害の現場を調査し、そのたびに災害発生前後にスーパーやコンビニ、ホームセンターで何が売り切れたかを調べてきた。こういう時になくなるものが災害時に必要なものであり、台風対策として備蓄すべきものと考えている。

地域によって異なるが、平均すると次のようなものが買われている**（防災ひと口メモ⑭参照）**。台風襲来のおそれが出てからでは、こうした商品は売り切れになってしまう。平時に台風対策用品として自宅や家族に必要と思われるものを備蓄しておくべきである。

防災ひと口メモ 14

## 台風時に売り切れることが多い商品

①位
食料(お結び、パン、カップ麺)

②位
乾電池

③位
飲料水・菓子類

④位
携帯・スマホの充電器

⑤位
モバイルバッテリー

⑥位
シガーソケットチャージャー

⑦位
カセットガスボンベ

⑧位
養生テープ・ガムテープ

⑨位
ブルーシート

⑩位
ポリタンク

⑪位
ランタン

⑫位
懐中電灯

⑬位
軍手・滑り止め手袋

⑭位
非常用簡易トイレ

⑮位
ガソリン携行缶

⑯位
カセットコンロ

⑰位
ローソク

⑱位
土のう袋

⑲位
針金

⑳位
ロープ

㉑位
携帯ラジオ

㉒位
長靴

㉓位
雨具

㉔位
ヘルメット

㉕位
ガラス飛散防止フィルム

㉖位
ベニヤ板

㉗位
工具ボックス

㉘位
使い捨てライター

㉙位
使い捨てカイロ

㉚位
小型発電機

※防災システム研究所調べ

防災ひと口メモ 15

## 水に濡れても音がする「命の笛」

阪神・淡路大震災発生時(1995年)、私は大阪のホテルにいた。大揺れが収まって約2時間後の神戸に入った。途中で救助作業も手伝ったが、助けを求める声が地上に届かなかったという人が多かった。亡くなった方もさぞや無念だったろうと思った。

そこで「イザッ」というとき、助けを求める笛が必要と考えた。小さな息でも遠くまで届く笛を探した。見つけたのはアメリカの沿岸警備隊でストームホイッスルと呼ばれていた笛である。

それを小型化し「命の笛」と名づけた。この笛は水に濡れても、嵐の中でも遠くまで届く優れた笛である。そして、「ネームプレート」を付け紐で結んでペンダントにした。ほかの笛と比べると音量が違う、外だと800メートル離れていても聞こえるのである。

**命の笛**

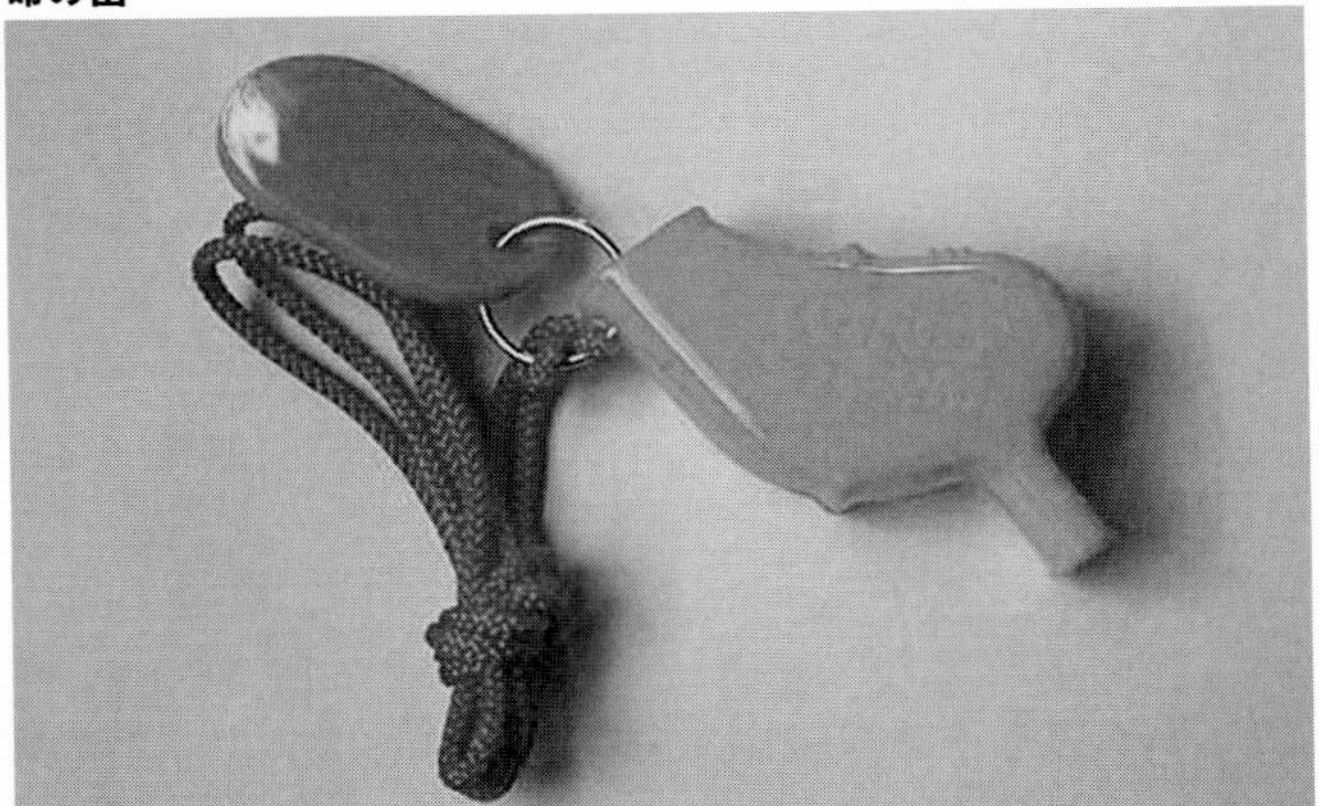

命の笛普及運動本部／FAX：0467-87-0618　電話：0467-87-4012

# 終章

# 停電対策と防災モラル

２０１１（平成23）年「東日本大震災」の時、東京電力管内で約８７０万戸が停電した。「平成30年北海道胆振《いぶり》東部地震」では、北海道全域で最大２９５万戸のブラックアウト（全域停電）が発生、99％の復電までに2日間を要した。また令和元年房総半島台風（15号）でも、千葉県内などで最大93万４９００戸が停電になった。

そして99％の世帯復旧までに約14日かかっている。台風の場合、強風によって倒木、送電システム損壊、電柱折損などで停電が長期にわたる可能性が高い。長期停電になると浄水場や送水設備に支障をきたし、断水をも引き起こす。ブラックアウトで何が起きるかを想定し準備し備蓄する必要がある。

令和元年東日本台風（19号）の時、神奈川県川崎市中原区の武蔵小杉駅前の47階のタワーマンションは多摩川から離れていたが、大雨で多摩川の水位が上昇し濁流が下水道管を逆流したため駅前一帯が冠水した。その水がタワーマンション地下の電気室や機械室に流れ込んだため、長期停電、断水、エレベーター停止などの被害が発生した。マンションの駐車場入り口やエントランスから浸入したのではなく、地下４階の雨水一時貯留槽からあふれ出した水によるものという。**災害に備えるというのは、災害によって派生する結果事象（浸水、損壊、停電、断水、ガス停止、公共交通機関運行停止、道路通行止め）に備えることである。**

**北海道胆振東部地震も房総半島台風も９月だったから良かったが、これが冬だったら低体温**

**症などによる人的被害が出た可能性がある。**

過去の災害の教訓を活かして、ブラックアウト対策、断水対策、ガス停止対策、回線支障対策を今のうちに行ってほしい。

北海道胆振東部地震の現地調査に行った時、札幌郊外で不思議な光景を目にした。通り過ぎる車のヘッドライト以外、全道ブラックアウトで真っ暗な中、そのマンションだけ明かりがキラキラと点いていたのである。闇の中にそこだけ光に包まれた建物が夢のように立っていた。１００室ぐらいの８階建てのマンションだった。

話を伺うと**「東日本大震災の後、大地震による停電に備え、管理組合で電気自動車（EV車）を2台購入したのです。普段はカーシェアリングで活用し、いざという時はその電**

⑳図　災害時のEV車活用で電力供給協定（日産と伊勢市）

出典：日産自動車株式会社

**源を送水ポンプと共有部の照明に使えるようにしていたのです」と言う。このマンションには屋上にソーラーで充電する非常用バッテリーもあって、停電でも数時間はエレベーターも使えるそうだ。もはやEV車やプラグインハイブリット車で、電気を備蓄する時代である**（防災ひと口メモ⑭）。

災害発生後、ケガもなく家族の無事が確認されたとしても、劣悪環境の避難所ではストレスが溜まる。ましてや感染症が蔓延していたら最悪である。といって車中避難も長引けばエコノミークラス症候群などの震災関連死というさらなる試練が待っている。

**これからは逃げる防災だけでなく、家の立地・耐震化、室内の安全対策を進め、安全な家に住む（する）防災が求められている。たとえインフラが断絶していようと自宅で自分の布団やベッドで寝るほうがよほどよく眠れる。**しかし長期停電ともなれば、照明はおろか家電も使えずタンクレストイレさえ流せない。そこで考えなければならないのは災害時だけでなく、平時の暮らしと環境にも配慮した家庭のエネルギー対策だ。

**その課題を解決するのがZEH（ゼッチ）である。ZEHとは、ネット・ゼロ・エネルギー・ハウス（Net Zero Energy House）の略で、環境に配慮しつつ、災害時の電気も賄うマルチ型省エネシステムである。**このZEHという新しい概念は、平時から消費エネルギーを抑制するため太陽光発電、電気自動車、家庭の蓄電池設備、省エネ家電、住宅の省エネ構造などを組み合わせ、最終的には自宅で創ったエネルギーと消費エネルギーの収支をプラスマイナスゼロにすることを目的としている。それによって、**クリーンで快適な暮らしを生み出すと共に、二酸化炭素などの温室効果ガスの排出を抑え、さらには災害に強い住宅が実現できる。**

例えば、太陽光発電システムの自立運転機能を活用すれば、最大１５００ワットの電力が得られる。また、エネファーム（家庭用蓄電池システム）を設置しておけば停電時にも最大４２００ワットが使える。その上、電気自動車の急速充電設備「Ｖ２Ｈ」があれば、電気自動車を蓄電池代わりにできる。エネファームは最大５００ワット、最長８日間継続して電気を供給できるので、災害時に停電になっても、照明、ケータイ・スマホの充

**⑪図　省エネ防災／ZEH（ネットゼロ・エネルギー・ハウス）**

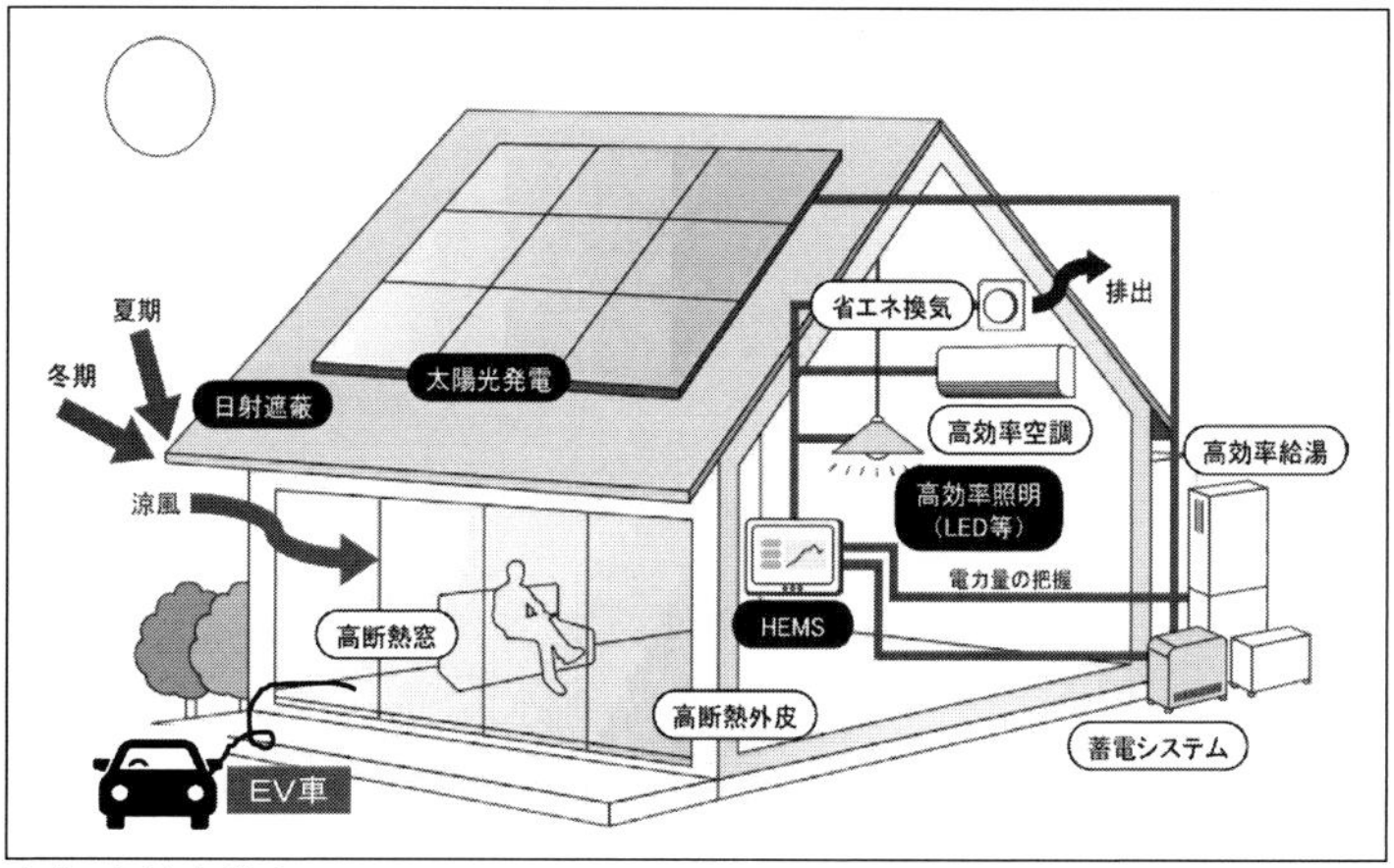


出典：経済産業省ホームページ

電、テレビ、タンクレストイレ、お湯、シャワー、ガス温水床暖房などが使える。

例えば、住友林業の断熱効果の高い木造住宅に高機能断熱材、太陽光を取り入れ、換気・通気などを考慮した省エネ構造が加わると、災害対策だけでなく、ＺＥＨ住宅となり、ランニングコスト（維持費）は極めて廉価となり、コストパフォーマンスのいい暮らしができる。ＺＥＨ住宅の普及を進める政府は、70～１２５万円の補助金（２０１９年実績）を出して積極的に推進を図っている。

**これからは自分や地域の安全と共に、地球温暖化防止のためにも環境、省エネに配慮した地球にやさしい生き方が求められている。防災と環境を考えた暮らしこそ、人間の美学であり究極のモラルではなかろうか。**

**(72)図　ZEHで家族の命を守りたい**

出典：山村武彦の緊急提言 https://sfc.jp/ie/zeh/style/protect.html

防災ひと口メモ　16

## ブラックアウトで何が起きたか?

- 照明が消え、真っ暗になった
- 懐中電灯だけでは暗くて怖い
- エアコンが使えない
- エレベーターが停まった
- 立体駐車場から車が出せない
- 電車の遮断器が下がったまま
- 電動シャッターが開かない
- タンクレストイレが流せない
- 停電で送水ポンプ動かず断水になった
- スマホ・ケータイがかかりにくい
- スマホ・ケータイの充電ができない
- 固定電話(光回線、CATV、ADSLの回線)使用できず
- ATMでお金が下せない
- 銀行が閉まった
- クレジットカードが使えない
- 信号消え、一部で交通事故増加
- 在宅人工呼吸器が使用できず
- 冷蔵庫から水が垂れてきた
- ガソリンスタンドに長い列
- パソコンのバッテリーが切れた
- オール電化がすべて止まった
- オートロックが機能せず
- 自動火災報知器の予備電源が切れ、火災になっても火災報知器が鳴らない
- 乳牛の搾乳ができない
- 大半のコンビニ・スーパーが休業
- 電車が全面運行停止
- タクシーのガススタンド休業
- テレビが見られず情報が入らない

## 結びにかえて　世界で一番希少価値が高いもの

大昔、地球に衝突した隕石によってもたらされたというプラチナ（白金）。世界中で年間約200トンしか供給されない極めて希少価値の高い貴金属である。プラチナだけでなく、レアメタル（希少金属）や宝石の価値も希少性で決まると言われる。

しかし私は、世の中で一番希少価値が高いのは人間だと思っている。世界に76億人以上いても誰一人同じ人間はいない。一人ひとりが世界に一つしかないユニークな心を持っているからである。心は融通無碍《ゆうずうむげ》かつ無限大である。些細な物事を追求することも、行ったこともない銀河に思いを馳せ、四次元に遊ぶこともできる。

嫌な思い出を忘れるのも、楽しい未来を考えるのも心。本来の心は老若男女の性差も世代の壁も、国境もなければ偏見もない。どれほど抑圧強制されても、心の自由まで侵すことはできない。心は自由であり命そのものでもある。

新型コロナウイルス蔓延で社会的な距離（ソーシャルディスタンス）は取らざるを得なくても、心と心の距離を遠ざけるべきではない。国境や都市が封鎖されても、心を封鎖することはできない。そして、人を愛し敬うのも、人を憎み妬《ねた》み蔑むのも心。忙しさに紛れて心を失くすのも、喜怒哀楽のすべてをコントロールできるのも自分の心である。世界中で続く紛争、差別、虐待、暴力、環境汚染など人間性を失った忌むべき負の行為。もしそれをなくせるとしたら、それは良心が目覚め、世界の心が団結した時であろう。しかし、それぞれの心が自由であればあるほど極めて困難なことではある。だが諦めてはいない。

私は1964（昭和39）年の新潟地震でのボランティア活動を契機に、世界中の災害現場を見てきた。東日本大震災、インドネシアのスマトラ沖津波、イランのバム地震、ロシアのサハリン地震、パキスタンの北部地震、インドの西部地震、アメリカのオクラホマ竜巻、ニューオリンズのハリケーンカトリーナ、ニューヨークの同時多発テロ、ペルーの北部地震、オースト

**東日本大震災・現地調査の筆者**

2011年3月／宮城県名取市閖上

ラリアやカリフォルニアの山火事、フィリピンのスーパー台風などなど。

様々な国の様々な災害現場で見てきたのは、人種も宗教も恩讐も超越し、犠牲者を悼み被災者に寄り添い助ける姿である。そこには優しい笑顔、優しい心が満ち溢れていた。一時的かもしれないが、そこには間違いなくユートピア（理想郷）があった。心を失わない限り、心の片隅に優しさを持っている限り、人間はあらゆる壁を乗り越えることができるのだと思った。

災害はないほうがいいに決まっている。しかし、地球という星は油断のならない惑星である。そして、二酸化炭素を大量に排出し続ける我々への試練を強いる災害は、今後さらに激化する可能性がある。貴金属や宝石以上に希少価値のある心を守るためにも、命を守らなければならない。防災はモラルである。自分や家族のためだけでなく社会に負担をかけないためにも、事前に準備する必要がある。そして、近くで互いに助け合う「互近助」の心で地域と命を守ってほしい。

紙数に限りがあり言葉足らずや言い尽くせぬ部分もあるが、何かの参考になれば幸甚である。本書刊行に際し、戎光祥出版株式会社の皆様に大変お世話になった。末筆ながら、敬意と感謝を込めて心より御礼申し上げます。

２０２０（令和２）年９月

山村武彦

## 参考にさせていただいた主な書籍

**『台風についてわかっていることいないこと』**
筆保弘徳編 山田広幸／宮本佳明／伊藤耕介／山口宗彦／
金田幸恵 著(ベレ出版)

**『地球に住めなくなる日「気候崩壊」の避けられない真実』**
ディビッド・ウォレス・ウェルズ著・藤井留美 訳

**『天気で読む日本地図 各地に伝わる風・雲・雨の言い伝え』**
山田吉彦 著(PHP新書)

**『古日記から探る「安政江戸台風」の経路』**
平野淳平 著(JCDP)

**『平成26年8月20日広島豪雨災害体験談集』**
広島市 編

**『新・人は皆『自分だけは死なない」と思っている』**
山村武彦 著(宝島社)

**『災害に強いまちづくりは互近助の力～隣人と仲良くする勇気～』**
山村武彦 著(ぎょうせい)

**『家族を守る! 現場に学ぶ防災術(NHKまる得マガジン)』**
山村武彦 著(NHK出版)

【著者紹介】

山村武彦（やまむら・たけひこ）

1943（昭和18）年、東京都出身。1964（昭和39）年、新潟地震でのボランティア活動を契機に、防災・危機管理のシンクタンク「防災システム研究所」を設立。以来50年以上にわたり、世界中で発生する災害の現地調査を実施。報道番組での解説や日本各地での講演（3,000回以上）、執筆活動などを通じ、防災意識の啓発に取り組む。また、多くの企業や自治体の防災アドバイザーを歴任し、BCP（事業継続計画）マニ ュアルや防災マニュアルの策定など、災害に強い企業、社会、街づくりに携わる。実践的防災・危機管理の第一人者。座右の銘は「真実と教訓は、現場にあり」。著書に、「災害に強いまちづくりは互近助の力 ～隣人と仲良くする勇気～」（ぎょうせい）、「南三陸町 屋上の円陣」（ぎょうせい）など多数。

装丁：山本真比庫（山本図案工房）

台風《たいふう》防災《ぼうさい》の新常識《しんじょうしき》
災害激甚化時代を生き抜く防災虎の巻

２０２０年10月28日　初版初刷発行

著　者　山村武彦
発行者　伊藤光祥
発行所　戎光祥出版株式会社
東京都千代田区麹町１-７
相互半蔵門ビル８階
電　話　０３-５２７５-３３６１(代)
ＦＡＸ　０３-５２７５-３３６５
編集・製作　株式会社イズシエ・コーポレーション
印刷・製本　モリモト印刷株式会社

https://www.ebisukosyo.co.jp
info@ebisukosyo.co.jp

© Takehiko Yamamura 2020 Printed in Japan
ISBN978-4-86403-365-7